MER HYRCANIENNE
DACIE
Danube
Tomis
PONT-EUXIN
Sinope
M□SIE
PONTS
THRACE
MAC□DOINE
CAPPADOCE
THESSALIE
ASIE
Delphes
M□SOPOTAMIE
Éphèse
Tigre
Athènes
CILICIE
Olympie
Euphrate
D□LOS
SYRIE
CRØTE
CHYPRE
INTÉRIEURE
JUD□E
Alexandrie
CYR□NA□QUE
□GYPTE
Nil

Latin 5^{e}

Colette Milès
Agrégée de Lettres classiques

Sylvie Thornes
Certifiée de Lettres classiques

HATIER

LES BELLES LETTRES

PROGRAMME DE LATIN 5^{e}

Notre civilisation et notre langue héritent des cultures et des langues latine et grecque. L'apprentissage des langues anciennes a donc pour but de retrouver, d'interroger et d'interpréter dans les textes les langues et les civilisations antiques pour mieux comprendre et mieux maîtriser les nôtres dans leurs différences et leurs continuités.

Textes et thèmes

Textes

Récits simples sous forme de textes authentiques éventuellement simplifiés, accompagnés ou non de traduction.
Les extraits sont adaptés dans leur ampleur et dans leur contenu à l'âge des élèves. Ces extraits simples sont tirés de César, Cicéron, Horace, de recueils d'inscriptions variées, de Lhomond, *De viris illustribus*, d'Ovide, Phèdre, Plaute, Pline le Jeune, Pline l'Ancien, Tite-Live, Virgile, de textes du Moyen Âge et de la Renaissance.
La diversité des textes proposés permet au professeur de choisir en fonction des objectifs qu'il se fixe aux différents moments de l'apprentissage.

Thèmes

Mythe et histoire
- origines de Rome
- héros et héroïnes
- Rome et la Gaule

Histoire naturelle et récits merveilleux sur les animaux
Vie quotidienne
- représentation de l'espace et du temps
- cadre familial
- cultes et divinités

Langue

Lexique

- l'espace, le temps, les déplacements
- la parenté et les âges de la vie
- héros et héroïnes : généalogies et qualités
- le pouvoir royal et républicain
- la religion
- la guerre, les délimitations des territoires et les rapports entre peuples

L'étude des mots outils permet la compréhension de l'organisation de la phrase et de la cohérence des textes dans le cadre du récit, de la description et du dialogue. L'élève retient, en 5e, les coordonnants et les subordonnants des circonstances causales, finales et consécutives, et les adverbes, prépositions et préfixes spatio-temporels. Cette approche méthodique permet la mémorisation d'un lexique d'environ deux cents mots.

Syntaxe

- les éléments constitutifs de la phrase latine et l'ordre des mots
- les rapports entre la déclinaison latine et les groupes fonctionnels français
- les valeurs élémentaires des temps du récit : présent, imparfait, parfait de l'indicatif
- les expansions du nom : épithètes et subordonnées relatives
- l'expression du temps et du lieu : groupes nominaux et subordonnées circonstanciels (dont l'ablatif absolu : reconnaissance et traduction simple)
- la parole rapportée dans sa forme élémentaire : reconnaissance et traduction de la proposition infinitive, valeur du présent et du parfait de l'infinitif
- l'expression de la cause limitée aux groupes nominaux, aux propositions indépendantes coordonnées et aux propositions subordonnées à l'indicatif

Morphologie

L'élève mémorise :
- dans la morphologie nominale : les terminaisons de 3e déclinaison, les 1re et 2e déclinaisons (noms et adjectifs qualificatifs de la 1re classe, participe parfait passif, en particulier pour l'ablatif absolu) ;
- quelques formes les plus fréquentes des pronoms adjectifs relatifs et démonstratifs ;
- dans la morphologie verbale : l'indicatif présent, imparfait et parfait et l'infinitif présent et parfait des différentes conjugaisons et du verbe **sum**.

L'élève identifie :
- dans la morphologie verbale : les formes les plus fréquentes du passif à l'indicatif.

Instructions officielles de septembre 1996 (extraits).

© Hatier, Paris, avril 2005 – ISBN : 2-218-74979-3

AVANT-PROPOS

Un manuel adapté aux élèves de 5^{e}

Cette nouvelle édition du manuel paru en 1997 tient compte des observations, venues des professeurs et des élèves, qui nous ont été adressées. Nous avons en particulier souhaité, tant dans l'iconographie que dans le choix des textes, **proposer des liens fréquents entre la civilisation antique et le monde moderne**, afin de donner aux élèves l'envie de s'imprégner de cette civilisation dont la nôtre est issue.

Une structure simple et nette

Trois grandes parties sont consacrées respectivement à la mythologie, aux débuts de l'histoire romaine et à la littérature.

Chaque partie comprend cinq chapitres qui suivent tous la même structure :
– **deux pages de découverte du thème :** la première, iconographique, présente des documents pour s'exercer à lire l'image ; la deuxième propose des textes en français qui permettent de comprendre l'importance du thème à travers les âges ;
– **une leçon en trois temps :** une page de découverte et observation d'un texte latin authentique, une page de grammaire enrichie d'une phrase à retenir, illustrée avec humour et précision, deux pages d'exercices sur les points traités ;
– **deux pages de prolongements** contenant des textes en français sur le thème choisi et poursuivant l'objectif de souligner les liens entre le monde moderne et le monde antique. Ces pages sont illustrées de documents sélectionnés dans le même esprit.

Des annexes regroupent en fin d'ouvrage tous les éléments utiles au parcours de 5e : **tableaux de grammaire, index grammatical, lexique latin français.**

Les pages de couverture intérieure proposent cartes et chronologies.

Un manuel conforme à l'esprit du programme

Lire du latin ! Les textes sont authentiques. Quelquefois coupés ou simplifiés, ils sont accompagnés de leur traduction en ce début d'apprentissage.

Réviser le français pour apprendre le latin. Des rappels de grammaire française établissent une passerelle entre latin et français. Tous les points de grammaire du programme sont traités, au fur et à mesure de leur rencontre dans les textes. Chaque leçon va à l'essentiel : la présentation, simple et claire, fait au maximum appel à la **visualisation**.

Des exercices nombreux et variés. Chaque texte latin fait l'objet d'exercices d'**observation**. Puis des exercices d'**application** mettent en œuvre, de diverses façons, la notion étudiée dans la leçon : exercices structuraux, versions, thèmes, jeux. Nous avons souhaité en particulier augmenter de façon significative le nombre d'exercices ludiques.

Découvrir le vocabulaire latin pour enrichir le lexique français. De nombreux exercices d'étymologie consolident l'apprentissage du vocabulaire français en évoquant l'histoire des mots depuis l'Antiquité. Nous avons également favorisé les liens linguistiques qui existent entre le français, le latin et le grec en introduisant dans chaque chapitre un exercice spécifique (« Le latin et le grec »). La rubrique **« Le linguiste en herbe »** donne en outre aux élèves la clé d'expressions latines répandues.

Nous espérons que cet ouvrage donnera au plus grand nombre d'élèves l'envie de poursuivre leur apprentissage du latin !

LES AUTEURS

Sommaire

Partie 1 : La mythologie

13. Histoires de loups-garous – Le texte fantastique

14. Histoires de dauphins – Le texte narratif

15. Une plume et de l'encre – La lettre

QUIBUS VI
UM AEDE
POLLONIS
OVIS IN CA
N EA PART
QUAM FULM
DEO HARU
DITIT PO

PARTIE 1

La mythologie

1. Des dieux grecs aux dieux romains

Statuette romaine, bronze (Ier-IIe siècle apr. J.-C.) (Paris, musée du Louvre).

Cratère étrusque en calice à figures rouges (détail) (vers 360 av. J.-C.) (Paris, musée du Louvre).

Déesse assise sur un trône et aspergeant d'eau bénite son péplum et son diadème nuptial, **bas-relief** grec (Italie, Tarante, Musée archéologique).

Mosaïque romaine provenant de thermes (Algérie, Timgad, Musée archéologique).

Lire les images

1. *Quels sont les dieux et déesses représentés ?*

2. *À quels détails les reconnaissez-vous ?*

3. *Quelles sont les quatre techniques utilisées pour représenter les dieux ? Que savez-vous sur chacune d'elles ?*

Au commencement étaient le ciel et la terre…

Ouranos, dieu du ciel, et Gaïa, déesse de la terre, eurent de très nombreux enfants, parmi lesquels Cronos, dieu du temps. Celui-ci devint à son tour maître du monde et épousa sa propre sœur, Rhéa. Comme Ouranos et Gaïa lui avaient prédit qu'il serait un jour détrôné par l'un de ses enfants, il dévorait ceux-ci à leur naissance. Il engloutit ainsi Hestia, Déméter, Héra, Hadès et Poséidon. Mais Rhéa, mécontente de se voir ainsi privée de ses enfants, s'enfuit en Crète où elle accoucha secrètement de Zeus. Puis elle enveloppa une grosse pierre dans des langes et la donna à dévorer à Cronos qui l'avala sans se rendre compte de rien. Devenu adulte, Zeus fit boire à son père une drogue qui lui fit rendre tous les enfants qu'il avait dévorés. Zeus et ses frères et sœurs se vengèrent et détrônèrent leur père. C'est ainsi que Zeus devint à son tour le maître du ciel et épousa sa sœur Héra.

D'après Pierre GRIMAL, *Dictionnaire de la mythologie grecque et romaine*, PUF, 1986.

William Turner (1775-1851), *Lumière et Couleurs (La théorie des couleurs de Goethe). Le matin après le déluge. Moïse écrit le livre de la Genèse*, huile sur toile (1843) (Londres, Tate Gallery).

Arbre généalogique des principaux dieux grecs

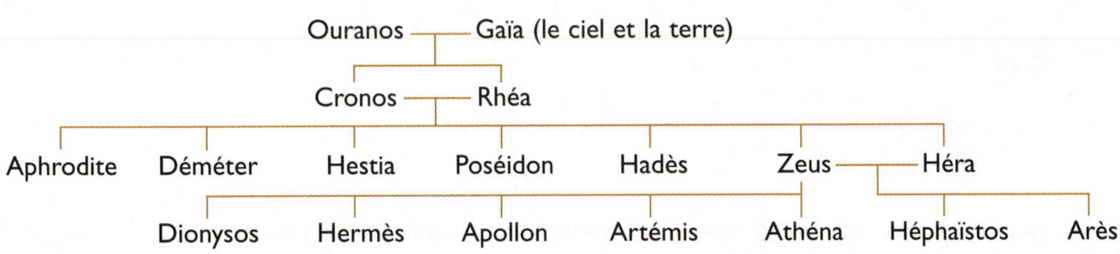

Lire le texte

1. *Quels sont les dieux latins correspondant aux dieux grecs cités dans le texte ?*

2. *Faites un tableau en quatre colonnes en inscrivant les noms latins et grecs des dieux et des déesses. En faisant quelques recherches, donnez leurs qualités et attributs.*
Ex. : Jupiter - Zeus - dieu des dieux et des hommes - tient le sceptre, le bouclier et la foudre, représenté avec un aigle, symbole de force et de puissance.

Lire en latin

Les dieux de l'Olympe

Les hommes de l'Antiquité croyaient à l'existence de nombreux dieux et déesses, aux rôles bien définis. Ils situaient la résidence divine sur le mont Olympe.

Juppiter, Saturni filius, deorum hominumque pater, caelum et terram imperio regebat. Neptunus mari imperabat, Pluto inferis. Phoebus-Apollo erat auctor lucis, idemque Musarum magister. Mars bello et armis praesidebat, Bacchus conviviis et vino. Vulcanus praefectus erat fabricandis Jovis fulminibus. Mercurius erat interpres Jovis et reliquorum deorum, ac nuntius aliger. Juxta deos in Olympo sedebant deae. Inter deos et deas regale solium obtinebat Juno, Jovis conjux. Vesta focis custos aderat. Pallas seu Minerva, belli pariter et pacis artibus praeerat, Ceres agriculturae, venatui Diana. Venus erat formosissima dearum.

D'après Henri LANTOINE,
Abrégé de l'histoire grecque, Armand Colin, 1914.

Jupiter, fils de Saturne, père des dieux et des hommes, gouvernait le ciel et la terre. Neptune commandait à la mer, Pluton aux enfers. Phoebus-Apollon était le créateur de la lumière, ainsi que le maître des Muses. Mars présidait à la guerre et aux armes, Bacchus aux banquets et au vin. Vulcain avait été préposé à la fabrication des foudres de Jupiter. Mercure était l'intermédiaire entre Jupiter et les autres dieux, et le messager ailé. Auprès des dieux, dans l'Olympe, siégeaient les déesses. Au milieu des dieux et des déesses, Junon, épouse de Jupiter, occupait le siège royal. Vesta était la gardienne du foyer. Pallas, ou Minerve, régnait sur les arts de la guerre comme sur ceux de la paix, Cérès dirigeait l'agriculture, Diane s'occupait de la chasse. Vénus était la plus belle des déesses.

Lire le texte

Les Romains ont adopté les dieux grecs et leur ont donné des noms latins. Ainsi le Zeus grec est devenu Jupiter ; Héra est devenue Junon.

1. *Retrouvez les noms des dieux cités dans ce texte. Quels sont leurs rôles ?*
Ex. : Nom : Juppiter → Jupiter. *Rôle :* caelum et terram regebat → gouvernait le ciel et la terre.

2. *Relisez la première phrase du texte latin avec sa traduction en français.*
a. *Combien y a-t-il de mots dans chaque phrase ?*
b. *Quels mots français ne sont pas exprimés en latin ?*
c. *Que remarquez-vous sur la place des mots en latin ?*

3. a. *Retrouvez le mot qui signifie* les déesses *dans les exemples suivants.*
sedebant deae : les déesses siégeaient
formosissima dearum : la plus belle des déesses
inter deos et deas : parmi les dieux et les déesses
b. *Que remarquez-vous sur la terminaison de ce mot ?*

Grammaire

La prononciation du latin

		comme en français
a	A	agile
b	B	biberon
c	C	cacao
d	D	doute
e	E	épée
f	F	feuille
g	G	gare
h	H	homme

		comme en français
i }	I	ibis
j }	I	yeux
k	K	kilomètre
l	L	lac
m	M	mer
n	N	nuage
o	O	bol
p	P	peuplier

		comme en français
q	Q	aquarium
r	R	rose
s	S	serpent
t	T	amitié
u }	V	route
v }	V	kiwi
x	X	axe
y	Y	dune
z	Z	zoo

La phrase latine

- En latin, il n'y a **pas d'article** : **caelum** : *le ciel.*
- Contrairement au français, la place des mots en latin n'est pas fixe ; cependant, on trouve souvent le **verbe** latin **en fin de phrase** :

Neptunus mari imperabat : *Neptune commandait à la mer.*

- En français, chaque mot joue dans la phrase un rôle que l'on appelle sa **fonction** :

Les dieux (sujet) *règnent. Nous prions* ***les dieux*** (COD).

En latin, c'est la terminaison des noms, appelée **désinence**, qui indique leur fonction. Les noms changent de forme selon leur fonction. Ces formes, appelées **cas**, sont au nombre de six.

La déclinaison

Décliner un nom, c'est en réciter les différentes formes, dans l'ordre suivant :

fonction en français	cas en latin	exemple
sujet, attribut du sujet	nominatif	**les dieux** règnent
apostrophe	vocatif	ô **dieux** !
COD	accusatif	ils prient **les dieux**
compl. du nom	génitif	le père **des dieux**
COI	datif	il commande **aux dieux**
compl. circonstanciel	ablatif	grâce **aux dieux**

Juppiter deorum pater est.

Exercices

Vocabulaire

Noms

caelum, i, n : ciel
dea, ae, f : déesse
deus, i, m : dieu
filius, ii, m : fils
pater, tris, m : père
terra, ae, f : terre

Appliquer

Exercice 1 : découvrir la prononciation latine

1. *En latin, toutes les lettres se prononcent. Lisez les mots suivants.*

pater - terram - armis.

2. *Sachant que* u *se prononce* ou, *lisez.*

filius - Saturni - deorum.

3. v *se prononce* w, *comme dans le mot français* kiwi. *Lisez.*

Vulcanus - Minerva - vino.

4. j *se prononce* y, *comme dans le mot français* yeux. *Lisez.*

Juppiter - Jovis - Juno - adjuvo.

5. e *se prononce* é *et ne porte pas d'accent. Lisez.*

Venus - sedebant - erat - regale.

6. c *et* g *se prononcent* k *et* gu, *comme dans les mots français* cacao *et* gare. *Lisez.*

caelum - lucis - pacis - Ceres - regebat - aliger.

7. s *se prononce* ss, *comme dans le mot français* serpent. *Lisez.*

Musarum - praesidebat - formosissima.

8. *Le latin ne connaît pas la nasalisation.*
in *se prononce* inn, un *se prononce* unn, on *se prononce* onn, an *se prononce* ann, im *se prononce* imm. *Lisez.*

imperio - imperabat - conjux - conviviis - fabricandi - nuntius.

Exercice 2 : lire en latin

Exercez-vous à prononcer les premières phrases du texte ➠ p. 12 en tenant compte des règles que vous venez d'apprendre.

Exercice 3 : déchiffrer une inscription

Deux majuscules sont différentes en latin et en français : le V *latin correspond au* U *français et le* I *latin correspond au* J *français (➠ p. 13). Lisez ces inscriptions trouvées sur des monuments ou des mosaïques. Devinez ensuite leur signification.*

IANVARIVS - SEPTEMBER - SENATVS POPVLVSQUEROMANVS - CAVE CANEM.

Exercice 4 : réviser les fonctions en français

Dans la traduction ➠ p. 12, donnez la fonction des groupes nominaux suivants.

de Saturne - le ciel et la terre - à la mer - le créateur - des Muses - à la guerre - de Jupiter - l'intermédiaire - dans l'Olympe - les déesses - le siège royal - du foyer - des déesses.

Exercice 5 : relire le texte

Relisez le texte latin ➠ p. 12 et retrouvez le sens en français des groupes de mots suivants.

1. Saturni filius.
2. caelum regebat.
3. Neptunus mari imperabat.
4. Mars bello praesidebat.
5. in Olympo sedebant deae.
6. Juno, Jovis conjux.
7. erat formosissima dearum.

Jouer avec la langue

Exercice 6 : retrouver l'origine des mots

Quel rapport y a-t-il entre :
Minerve et une minerve ? Mars et les arts martiaux ? Vulcain et un vulcanologue ?

Exercice 7 : les jours de la semaine

Certains dieux ont donné leur nom à des jours de la semaine.

1. *À quels dieux sont consacrés* mardi, mercredi et vendredi ?

2. *Sachant que* Jovem, Jovis *sont des mots désignant Jupiter, que pouvez-vous conclure à propos du* jeudi *? Comment expliquez-vous que le* v *de* Jovis *soit devenu un* u *dans* jeudi ?

3. *À quel élément céleste est associé* lundi ?

4. *En anglais,* samedi *se dit* saturday.
À quel dieu se rapporte ce mot ?

Exercice 8 : LE LATIN & LE GREC

1. *En partant du mot latin* deus *:*

a. *Cherchez des jurons que l'on a modifiés pour ne pas prononcer le nom de Dieu en jurant et ainsi blasphémer.*
Ex. : parbleu *pour* par Dieu.

b. *Expliquez cette phrase extraite des* Trois Mousquetaires.
« Les morbleu ! les sangdieu ! les morts de tous les diables ! se croisaient dans l'air. »

c. *Expliquez la différence de sens entre* divin *et* devin.

2. *Sachant qu'en grec* theos *signifie* dieu, *trouvez la signification des prénoms suivants à l'aide des données entre parenthèses.*

1. Théophile (philos : ami, en grec).
2. Théodore et Dorothée (dôron : cadeau, en grec).
3. Théodule (doulos : serviteur, en grec).
4. Timothée (timan : honorer, en grec).

Exercice 9 : récréation

Certains dieux ont perdu la tête : aidez-les à remettre de l'ordre dans leurs noms en retrouvant les syllabes qui vont ensemble.

RES NER JU DIA TA JUP PI NO TO VE NUS MI TER PLU NA CE VA VES

Le linguiste en herbe

Per Jovem !

Par Jupiter !

C'est ainsi que juraient fréquemment les Romains en se référant au dieu des dieux.

Un caractère jovial

Le radical de Juppiter est Jov- (Jup(p)iter, Jovis, m). Pour les astrologues du Moyen Âge, celui qui naissait sous le signe de Jupiter se trouvait doté d'un tempérament gai et enjoué. C'est ainsi que l'adjectif *jovial* a pris son sens actuel de gai, enjoué.

Prolongements

La mythologie

Les mots grecs *muthos* (fable) et *logos* (science) ont donné naissance au mot **mythologie**, qui désigne, l'ensemble des légendes concernant un peuple, une civilisation, une religion.

Les mythologies grecque et romaine racontent la **vie des dieux** : leur naissance, leurs amours, leurs rivalités, leurs aventures avec les humains… Pour les hommes de l'Antiquité, en effet, les dieux n'étaient pas des êtres parfaits ; comme les hommes, ils étaient doués de sentiments, avec leurs qualités et leurs défauts. Jupiter est ainsi connu pour ses aventures amoureuses, Junon pour sa jalousie.

Georges Barbier (1882-1932), Pan le joueur de flûte, illustration extraite des *Mythes* (1923) de Paul Valéry, pochoir (collection privée).

Histoire de la chèvre Amalthée

Dans cette autre version du texte ➜ p. 11, Rhéa présente à Saturne une pierre emmaillotée à la place de chacun de ses enfants…

Tous trois furent emmenés clandestinement dans l'île de Crète. Ils y trouvèrent, sur le mont Ida, le bon lait de la chèvre Amalthée et la compagnie des Corybantes[1]. Ces préposés au culte de Cybèle[2] en célébraient les fêtes d'une façon assez bizarre. Ils sautaient, couraient, gambadaient, frappaient avec violence de leurs glaives solides sur des boucliers d'airain. Résultat, un bruit étourdissant dominant tous les autres bruits. Ce n'était pas sans raison qu'avait été choisi le lieu de leur séjour pour y transporter les fils de Saturne. Grâce au vacarme, les vagissements et les cris des nouveau-nés ne parvenaient pas aux oreilles de leur père.

Émile Genest, *Contes et Légendes mythologiques*, Nathan, 1947.

1. *Corybantes* : prêtres préposés au culte de Cybèle. **2.** *Cybèle* : déesse de la nature, que les Grecs assimilaient à Rhéa.

1. *Où se situe l'île de Crète ? (➜ carte en couverture intérieure)*

2. *Dans quelle atmosphère se déroule le culte de Cybèle ?*

3. *Recherchez le rapport qui existe entre la chèvre Amalthée et la corne d'abondance.*

Les Muses

Les neuf Muses sont les filles de Zeus. Patronnes des arts et des sciences, elles ont pour nom Clio, Euterpe, Thalie, Melpomène, Terpsichore, Érato, Polymnie, Uranie et Calliope.

Cherchez quels sont leurs rôles.

Baldassarre Peruzzi (1481-1536), *Danse d'Apollon avec les neuf Muses*, tempera sur panneau (Florence, Palais Pitti).

Pégase, le cheval ailé

Apollon vient de distribuer aux Muses leurs rôles respectifs...

La compagnie ainsi constituée et organisée, Apollon a l'idée de la conduire devant l'aréopage[1] des divinités. Acclamation générale. Mais comment gagner l'Olympe ? Les Muses n'ont aucun moyen de transport à leur service. Amère déception. À ce moment passe le cheval à la croupe opulente, aux larges ailes éployées, le célèbre Pégase. D'un geste, Apollon l'arrête, le proclame la monture attitrée des futurs hôtes du Parnasse[2] et saute hardiment sur son dos ; les neuf sœurs en font autant ; en un clin d'œil on arrive au but du voyage. Les habitants de l'Olympe, agréablement étonnés de recevoir à l'improviste une aussi brillante jeunesse, acceptent avec empressement d'assister à ses premiers essais. Dieux et déesses s'installent sur leurs confortables sièges disposés en cercle et goûtent à l'avance le plaisir de voir et d'entendre la jeune troupe du jeune Apollon.

Émile Genest, *Contes et Légendes mythologiques*, Nathan, 1947.

1. *Aréopage* : assemblée.
2. *Parnasse* : massif montagneux de Grèce consacré à Apollon et aux Muses.

Odilon Redon (1840-1916), *Pégase blanc*, huile sur toile (1908) (collection privée).

1. *Quels sont les sentiments éprouvés par les dieux en voyant arriver Pégase ? Justifiez la répétition de l'adjectif « jeune » dans la dernière phrase.*

2. *Recherchez comment est né Pégase, par qui il fut dompté et quel monstre il a tué.*

2. Hercule, le destin d'un héros

Jean de Bologne (1524-1608),
Hercule et l'hydre de Lerne, statue en bronze (XVIe siècle) (Florence, musée du Bargello).

En haut : Yvain, le chevalier au lion, tuant un dragon, miniature provenant du *Roman de Lancelot*, vélin (École française, XVe siècle) (Paris, bibliothèque de l'Arsenal).
En bas : Christopher Reeve (1952-2004) dans le rôle de Superman (1978).

Lire les images

1. *Décrivez la représentation d'Hercule : attitudes, gestes, proportions, muscles… À quoi comprend-on que sa force est surhumaine ?*

2. *À quelles époques appartiennent les deux autres images ?*

3. *Comparez les deux premières illustrations : en quoi se ressemblent-elles ?*

4. *Qu'ont de commun les trois personnages ? Quelle image donnent-ils du héros ?*

Les douze travaux d'Hercule

Mickey et les Travaux d'Hercule,
Le Journal de Mickey (1960).

En grec, le nom d'Hercule est Héraclès, ce qui signifie : « la gloire d'Héra ».
C'est, en effet, cette déesse qui chargea Eurysthée, le cousin d'Héraclès, de soumettre le héros à douze travaux apparemment insurmontables. Mais Héraclès en triompha et contribua ainsi à la renommée d'Héra.

Lire le texte et l'image

1. *Observez ces trois vignettes extraites de la bande dessinée* Mickey et les Travaux d'Hercule, *puis retrouvez les noms des travaux auxquels elles correspondent.*

2. *Documentez-vous et résumez les douze Travaux d'Hercule dont voici les titres.*
Le lion de Némée - l'hydre de Lerne - le sanglier d'Érymanthe - la biche de Cérynie - les oiseaux du lac Stymphale - le taureau de Crète - les juments de Diomède - la ceinture de la reine Hippolyté - les écuries du roi Augias - les bœufs de Géryon - les pommes d'or du jardin des Hespérides - le chien Cerbère.

Lire en latin

Hercule sur le bûcher

Hercule va mourir : il repense à sa vie et à tous les travaux qu'il a accomplis sur l'ordre de Junon...

« Defessa jubendo **est**
Saeva Jovis conjux ; ego **sum** indefessus agendo.
Sed nova pestis **adest**, cui nec virtute resisti
Nec telis armisque **potest** ; pulmonibus errat
Ignis edax imis perque omnes pascitur artus.
At valet Eurystheus ; et **sunt** qui credere possint
Esse deos ? » Dixit perque altam saucius Oeten
Haud aliter graditur quam si venabula taurus
Corpore fixa gerat factique refugerit auctor.
Saepe illum gemitus edentem, saepe trementem
Saepe retemptantem totas infringere vestes
Sternentemque trades irascentemque videres
Montibus aut patrio tendentem bracchia caelo.

OVIDE (43 av. J.-C.-17 apr. J.-C.),
Les Métamorphoses, livre IX, v. 198-210, trad. des auteurs.

« La cruelle épouse de Jupiter est fatiguée de me donner des ordres ; moi, je ne me suis pas fatigué de les exécuter. Mais aujourd'hui survient un nouveau fléau contre lequel on ne peut lutter ni par le courage ni par aucune arme ; au fond de mes poumons circule un feu dévorant qui trouve dans tous mes membres un aliment. Et pourtant, Eurysthée se porte bien ; et il y a des hommes qui peuvent croire à l'existence des dieux ? » Il dit et, brisé de souffrance, il erre sur les sommets de l'Oeta comme un taureau qui porte un épieu enfoncé dans son corps par un chasseur qui a pris la fuite. On aurait pu le voir tantôt pousser des gémissements, tantôt trembler de rage, tantôt essayer de mettre en morceaux tous ses vêtements, tantôt abattre des troncs d'arbres, et déchaîner sa colère contre les montagnes ou tendre ses bras vers le ciel, royaume de son père.

Lire le texte

1. *Repérez les points communs entre le verbe être en français et le verbe* esse *en latin dans les phrases suivantes.*
defessa est : elle est fatiguée
sum indefessus : je ne suis pas fatigué

2. *Quels sont les points communs entre les deux verbes suivants ? Quelles sont les différences ? De combien d'éléments sont-ils composés ?*
nova pestis adest : un nouveau fléau survient
potest : il peut

3. *Sachant que* esse *est l'infinitif du verbe être latin, quel est l'infinitif de* adest *?*

Grammaire

Le verbe être

- Les dictionnaires latins présentent toujours les verbes de la même façon : ils indiquent d'abord la **première personne** du présent de l'indicatif, puis la **deuxième personne**, et ensuite son **infinitif présent**.

sum, es, esse : je suis, tu es, être

adsum, ades, adesse : je suis présent, tu es présent, être présent

possum, potes, posse : je peux, tu peux, pouvoir

infinitif présent	**esse** : être		**posse** : pouvoir	
indicatif présent	**sum**	je suis	**possum**	je peux
	es	tu es	**potes**	tu peux
	est	il/elle est	**potest**	il/elle peut
	sumus	nous sommes	**possumus**	nous pouvons
	estis	vous êtes	**potestis**	vous pouvez
	sunt	ils/elles sont	**possunt**	ils/elles peuvent

- Le radical de **possum** est **pos-** devant **-s** et **pot-** devant **-e**.

Qu'est-ce que l'étymologie ?

- De nombreux mots français sont issus du latin. Chercher l'origine des mots, c'est faire de l'**étymologie**.

- Certains mots français sont issus du même mot latin. Ils constituent une **famille de mots**.

La famille du mot **manus**, la main :
La racine **manus** *a donné trois* ***radicaux*** *français : man-, men-, main-.*
La partie placée avant ce radical s'appelle un ***préfixe*** *: re-manier.*
La partie placée après le radical s'appelle un ***suffixe*** *: re-man-ier.*

Exercices

Vocabulaire

Mots invariables

et : et
in + ablatif : dans, sur, à
non : ne ... pas
sed : mais

Verbes

sum, es, esse : je suis
adsum, ades, adesse : je suis présent
possum, potes, posse : je peux

Appliquer

Exercice 1 : conjuguer

À partir de l'observation du tableau ➡ *p. 21**, conjuguez à votre tour le verbe* adsum.

Exercice 2 : version

Traduisez en français.

1. sum - potes - sumus - adsum - es - esse - non possumus - non possum - possunt - adsumus - potestis - non posse - estis - adesse - adest - potest.
2. est filius - pater es - dea non sum.

Exercice 3 : thème

Traduisez en latin.

je suis - il peut - nous sommes présents - nous sommes - vous pouvez - tu es présent - il est - nous pouvons - vous êtes - ils sont - je peux - ils peuvent - être - être présent - pouvoir.

Exercice 4 : relire le texte

Relisez le texte latin ➡ *p. 20* *et retrouvez les groupes de mots qui signifient :*

1. la cruelle épouse de Jupiter.
2. un nouveau fléau.
3. poumons.
4. un feu circule.
5. Eurysthée se porte bien.
6. tous ses vêtements.

Exercice 5 : reconnaître les cas

1. *Dans la traduction française* ➡ *p. 20**, quelle est la fonction des groupes de mots suivants ?*

1. la cruelle épouse.
2. de Jupiter.
3. un nouveau fléau.
4. au fond de mes poumons.
5. un aliment.
6. à l'existence des dieux.
7. sur les sommets de l'Oeta.
8. par un chasseur.

2. *À quel cas latin correspondent ces fonctions en français ?* *(➡ p. 13)*

Exercice 6 : retrouver la traduction

Que signifient ces groupes de mots ou phrases qui se trouvent dans le texte ➡ *p. 20* *?*

1. sum indefessus agendo.
2. nova pestis adest.
3. ignis edax.
4. at valet Eurystheus.
5. sunt qui credere possint esse deos.
6. totas infregere vestes.

Exercice 7 : manier le vocabulaire

Traduisez.

1. Juppiter pater deorum est.
2. Pater est, filius sum.
3. Dea non es.
4. Minerva non deus sed dea est.
5. In terra sumus.
6. Adesse non potest.

Jouer avec la langue

Exercice 8 : adsum

Le verbe adsum *est composé de* ad : vers et de sum. *Trouvez les mots français suivants formés à partir de la préposition* ad.

1. Ajouter 2 et 2, c'est les … .
2. L'… complète le nom et s'accorde en genre et en nombre avec lui.
3. Le maire de la ville est entouré d'… qui le remplacent lors de ses absences.
4. Pour coller, on peut utiliser un ruban … .

Exercice 9 : LE LATIN & LE GREC

1. *En latin,* possum, potes, posse *signifie* pouvoir. *Complétez les phrases suivantes à l'aide d'un mot formé sur le radical du verbe* posse.

1. À la suite d'un accident, cet homme est devenu … .
2. Cette personne mérite d'être pendue : c'est un gibier de … .
3. Il me semble qu'il est absolument … d'atteindre ce sommet.
4. Ce pays a d'innombrables ressources ; son … économique est très important.
5. Voilà une … à laquelle nous n'avions pas pensé.

2. *En grec,* dynamai *signifie* je peux. *Complétez ces phrases à l'aide d'un mot formé à partir de* dynamai.

1. Cet homme est plein d'énergie : c'est une personne … .
2. Il y a eu un attentat à la … qui montre la puissance de l'attaquant.
3. Cet instrument qui sert à mesurer la puissance de la force musculaire s'appelle un … .

3. *Dans quels domaines l'énergie s'exerce-t-elle lorsqu'on parle des milieux suivants ?*

1. aérodynamique.
2. hydrodynamique.
3. électrodynamique.

Exercice 10 : récréation

1. *Voici six formes des verbes* sum, adsum *et* possum, *dans lesquelles se sont glissées des lettres parasites.*
Retrouvez les formes correctes.

ISARUOM — PEDISNTAIOUS — ABPIEOTSUES — APOLSISOUDM — RASDIEUSLT — NIADLSMUNT

2. *Retrouvez ces mots du texte* ➡ *p. 20**, dont les lettres sont dans le désordre.*

XOJUNC — PISTES — CHARABIC — OCELA

Le linguiste en herbe

Si vis, potes !
Si tu veux, tu peux !

Ainsi est soulignée la force de la volonté pour réussir ce que l'on entreprend.

Me Hercle !
Par Hercule !

Encore un juron familier aux hommes romains !

Prolongements

Hercule enfant avec les serpents, marbre romain (Rome, musée du Capitole).

Hercule au berceau

Profitant de l'absence de son époux, Jupiter séduit Alcmène. De cette union, naît Hercule, à qui est promis un destin hors du commun. Junon, la femme de Jupiter, folle de jalousie, poursuit Hercule de sa colère toute sa vie. Dès sa naissance, elle envoie dans son berceau des serpents pour l'étouffer…

Décrivez ce marbre : Hercule paraît-il craindre les serpents ? Comment est soulignée la force du « nourrisson » ?

Fort comme Hercule

Franz von Stuck (1863-1928), *Hercule et Nessus* (1910) (Hercule tue le centaure Nessus qui avait enlevé son épouse Déjanire), huile sur carton (collection privée).

De tout temps, Hercule resta un héros populaire et fut un peu mis à toutes les sauces. Sa légende, si fertile en épisodes, plut beaucoup aux cinéastes : Hercule triompha à l'écran dans le genre appelé peplum (film « historique » qui tire son sujet de l'Antiquité). Voici quelques titres évocateurs : *Les Travaux d'Hercule, Hercule contre les Vampires, La Vengeance d'Hercule, Hercule à la conquête de l'Atlantide, Hercule se déchaîne…*

Ces films permirent à certains acteurs de connaître la gloire : culturistes renommés, ils font valoir leur musculature impressionnante et leur force… herculéenne. Mark Forest fut l'un des meilleurs acteurs de ce genre. Doux géant de 1,98 m et 97 kg, pour 1,29 m de tour de poitrine, il faisait saillir mieux que personne sa belle musculature en soulevant d'énormes rochers… en carton.

D'après Catherine EUGÈNE, *La Flèche du Parthe*, Hatier, 1995.

1. *Qu'apprend-on sur Hercule dans ce texte ?*
2. *À quels personnages modernes la description vous fait-elle penser ?*
3. *Quel titre de film associe Hercule à des personnages d'une autre époque ?*
4. *Qu'a de comique le dernier titre de film ?*

Héraclès amenant Cerbère à Eurysthée, hydrie à figures noires, céramique grecque (500 av. J.-C.) (Paris, musée du Louvre).

1. *Dans son douzième travail, Hercule triomphe du chien Cerbère qui garde les Enfers. Sur le vase gauche, il amène sa conquête au roi Eurysthée. Décrivez les personnages : attitudes, couleurs, détails vestimentaires, accessoires. Comment le chien est-il rendu redoutable ?*

2. *Comment est soulignée, sur le vase droit, la force d'Hercule par rapport à la vieillesse ?*

Héraclès et Géras (la Vieillesse), céramique grecque à figures rouges (vers 500-475 av. J.-C.) (Paris, musée du Louvre).

La mort d'Hercule

Le Centaure Nessus, tué par Hercule, confie en mourant à Déjanire, épouse d'Hercule, une tunique destinée à lui ramener son mari en cas d'infidélité de celui-ci. Prise de soupçon, Déjanire envoie la tunique à son époux…

Touché de ce qu'il croit une preuve d'amour, Hercule va partir immédiatement et met sur ses épaules le présent de Déjanire, le souvenir de Nessus !

Le vêtement du Centaure l'effleure à peine et soudain une cuisante brûlure se répand dans tout son corps. Il sent circuler dans ses veines le feu du poison. C'est le venin de l'Hydre qui, renforcé par le sang de Nessus, acquiert une nouvelle acuité[1], déterminant des souffrances intolérables. Malgré son courage, malgré son énergie, malgré ses efforts de volonté, Hercule ne peut réprimer des plaintes et des cris. S'il tente de se débarrasser de la terrible tunique, c'est pour en rendre l'adhérence plus complète ; s'il essaie de l'arracher de son corps ensanglanté, c'est pour enlever en même temps des lambeaux de chair corrompue. Impossible de subir davantage une lamentable existence.

Émile GENEST, *Contes et Légendes mythologiques*, Nathan, 1947.

1. *Acuité* : caractère aigu, intensité.

1. *En quoi la mort d'Hercule reste-t-elle conforme à l'image du héros ?*

2. *Que représente Hercule pour les Grecs et les Romains de l'Antiquité ?*

3. *Pour les Grecs, un héros est un demi-dieu. Justifiez cette appellation pour Hercule. Quel sens le mot a-t-il pris de nos jours ? Quels sont les points communs entre un héros de l'Antiquité et un héros actuel ? Connaissez-vous d'autres héros grecs ou latins ?*

3. Apollon, le dieu-Soleil

Apollon, fragment d'une peinture murale romaine provenant de la maison d'Auguste située sur le Palatin (vers 30 av. J.-C.) (Rome).

Apollon médecin, miniature du manuscrit *Etimologia* d'Isidore de Séville (IXe siècle) (Italie, Bibliothèque capitulaire de Vercelli).

Apollon (détail), statue gallo-romaine, bronze doré (IIe siècle) (Paris, musée du Louvre).

Lire les images

1. *Quelles fonctions d'Apollon ces trois représentations évoquent-elles ?*

2. *Décrivez chacune d'entre elles : l'époque de l'œuvre, la technique utilisée, les moyens mis en œuvre pour souligner la beauté et la puissance du dieu.*

La naissance d'Apollon et Artémis

Léto, enceinte de Zeus, était victime de la jalousie d'Héra, qui avait poursuivi la jeune femme tout autour de la terre. Lasse d'errer, Léto cherchait un endroit où mettre au monde les enfants qu'elle portait, et toute terre refusait de l'accueillir, craignant la colère d'Héra. Seule une île flottante et stérile consentit à donner asile à la malheureuse. C'est là que naquit Apollon : reconnaissant, le dieu fixa l'île au centre du monde grec et lui donna le nom de Délos, la brillante. Là, au pied d'un palmier, le seul arbre de toute l'île, Léto attendit sa délivrance pendant neuf jours et neuf nuits. Héra retenait auprès d'elle Ilithye, la déesse présidant aux accouchements heureux. Toutes les déesses se décidèrent finalement à envoyer Iris promettre un collier d'or et d'ambre, épais de neuf coudées, si Héra consentait à la délivrance de Léto. À ce prix, Héra consentit. Léto s'agenouilla au pied du palmier et mit d'abord au monde Artémis, puis, avec l'aide de celle-ci, Apollon.

D'après Pierre GRIMAL, *Dictionnaire de la mythologie grecque et romaine*, PUF, 1986.

Le dieu de la lumière

On a reconnu en lui « le plus grec de tous les dieux ». Et il apparaît en effet comme l'une des plus vieilles figures de la poésie grecque ; il est le musicien qui charme l'Olympe quand il joue de sa lyre dorée, il est le seigneur à l'arc d'argent, le dieu-Archer, le Guérisseur aussi, qui le premier apprit aux hommes l'art de la médecine. Mais ces dons, tout aimables et tout charmants qu'ils fussent, n'étaient pas ses meilleurs titres de gloire : il était surtout le dieu de la Lumière, celui en qui nulle ombre ne demeure – et c'est ainsi qu'il devint le dieu de la Vérité.

Édith HAMILTON, *La Mythologie*, Marabout, 1978.

Délos est une île des Cyclades (➜ carte en couverture intérieure), où la tradition situe la naissance d'Apollon. Il subsiste des ruines importantes mises au jour depuis 1873 sous la direction de l'École française d'Athènes.

Statues antiques, site archéologique (Grèce, Cyclades, île de Délos).

Lire les textes

1. *À quoi voit-on dans le premier texte que l'île de Délos est stérile et très pauvre ? Comment expliquez-vous que ce soit le seul lieu où Héra ait laissé Léto s'arrêter ?*

2. *Quels défauts d'Héra sont mis en valeur ? Quelle qualité d'Apollon est soulignée ?*

3. *Quels sont les pouvoirs d'Apollon d'après le second texte ?*

Apollon et la nymphe Daphné

Cupidon, le dieu de l'amour, que Phébus-Apollon a défié, tire deux flèches de son carquois : l'une inspire l'amour, l'autre le fait fuir. Avec la première flèche, il atteint Apollon qui devient amoureux de la nymphe Daphné. Avec la seconde, il blesse Daphné, qui parvient à échapper au dieu. Épuisée par sa course, la jeune femme appelle son père à l'aide...

Vix prece finita, torpor gravis **occupat** artus,
Mollia cinguntur tenui praecordia libro,
In frondem crines, in ramos bracchia **crescunt** ;
Pes modo tam velox pigris radicibus **haeret**,
Ora cacumen **habent** ; **remanet** nitor unus in illa.
Hanc quoque Phœbus **amat** positaque in stipite dextra
Sentit adhuc **trepidare** novo sub cortice pectus
Complexusque suis ramos, ut membra, lacertis
Oscula **dat** ligno ; **refugit** tamen oscula lignum.
Cui deus : « At quoniam conjux mea non potes esse,
Arbor eris certe » dixit « mea ».

Ovide (43 av. J.-C.-17-apr. J.-C),
Les Métamorphoses, livre I, v. 548-558, trad. des auteurs.

À peine a-t-elle fini sa prière, qu'une lourde torpeur gagne ses membres ; son buste délicat est entouré d'une mince écorce, ses cheveux s'allongent et se changent en feuillage, ses bras en rameaux, son pied, tout à l'heure si agile, adhère au sol par de solides racines ; les contours de son visage ont une couronne de feuilles ; seul l'éclat de sa beauté subsiste en elle. Phébus cependant l'aime toujours ; la main posée sur le tronc, il sent encore battre le cœur sous la jeune écorce ; entourant de ses bras les rameaux qui remplacent les membres de Daphné, il donne des baisers au bois qui les repousse. Alors le dieu lui dit : « Eh bien, puisque tu ne peux être mon épouse, du moins tu seras mon arbre. »

Lire le texte

1. *En vous référant au verbe* esse, *dites quelles désinences (ou terminaisons) signifient* tu, il, nous, vous.

2. *Quel point commun y a-t-il entre les trois verbes soulignés ? Quel est leur radical ?*
hanc amat : il l'aime - pes haeret : son pied adhère - sentit : il sent

3. *Déduisez comment on conjugue les verbes suivants.*
tu aimes - il aime - nous aimons - vous aimez
tu adhères - il adhère - nous adhérons - vous adhérez
tu sens - il sent - nous sentons - vous sentez

4. Trepidare : battre *est un infinitif. Quel est celui de* amat, *de* haeret, *et de* sentit *?*

5. Cresco : je grandis - crescis : tu grandis - crescere : grandir
a. *Quel est le radical de ce verbe ?*
b. *Quelle différence remarquez-vous avec le radical des verbes précédents ?*

Le présent de l'indicatif : les conjugaisons 1, 2, 3, 4

1re conjugaison	2e conjugaison	3e conjugaison	4e conjugaison
amare : aimer	**habere** : avoir	**dicere** : dire	**audire** : entendre
amo j'aime **amas** **amat** **amamus** **amatis** **amant**	**habeo** j'ai **habes** **habet** **habemus** **habetis** **habent**	**dico** je dis **dicis** **dicit** **dicimus** **dicitis** **dicunt**	**audio** j'entends **audis** **audit** **audimus** **auditis** **audiunt**
infinitif : **amare**	infinitif : **habere**	infinitif : **dicere**	infinitif : **audire**
radical : **ama-** voyelle finale : **a**	radical : **habe-** voyelle finale : **e**	radical : **dic-** terminé par une consonne	radical : **audi-** voyelle finale : **i**

Qu'est-ce qu'un radical et une désinence ?

- La partie du verbe qui demeure invariable est appelée le **radical** (en noir dans le tableau).
- Les terminaisons qui marquent les personnes et remplacent le pronom personnel sont appelées **désinences** (en rouge dans le tableau).
Elles sont identiques dans toutes les conjugaisons.
- Lorsque le radical est terminé par une consonne (verbe **dico**), on utilise entre le radical et la désinence une **voyelle de liaison** (en bleu dans le tableau).

Exercices

Vocabulaire

Verbes de la 1re conjugaison

amo, as, are : **j'aime**
do, das, dare : **je donne**
specto, as, are : **je regarde**
voco, as, are : **j'appelle**

Verbes de la 2e conjugaison

habeo, es, ere : **j'ai, je possède**
timeo, es, ere : **je crains**
video, es, ere : **je vois**

Verbes de la 3e conjugaison

cresco, is, ere : **je grandis, je croîs**
dico, is, ere : **je dis**
lego, is, ere : **je lis**
mitto, is, ere : **j'envoie**
scribo, is, ere : **j'écris**

Verbes de la 4e conjugaison

audio, is, ire : **j'écoute, j'entends**
sentio, is, ire : **je sens**
venio, is, ire : **je viens**

Appliquer

Exercice 1 : version

Traduisez en français.

1. do - scribis - vocat - habemus - videtis - timent - habere.
2. lego - dicis - crescit - mittimus - auditis - veniunt - dicere.
3. amant - vocatis - spectamus - scribit - vides - timeo - audiunt - mittitis - venio - sentimus - legit - das - vocare.

Exercice 2 : thème

Traduisez en latin.

1. j'aime - tu appelles - il a - nous voyons - vous craignez - ils donnent - venir.
2. je dis - tu viens - il envoie - nous lisons - vous dites - elles appellent - grandir.
3. tu peux lire - nous venons - ils ne peuvent pas écrire - vous regardez - tu écoutes - je viens.

Exercice 3 : relire le texte

1. *Relisez le texte latin* ➠ *p. 28* *et retrouvez les mots qui signifient :*

cheveux - rameaux - bras - pied - racines - membres - dieu.

2. *Cherchez ensuite pour chacun d'eux un mot français formé sur le même radical.*

Ex. : figura : beauté, représentation - *mot formé sur le même radical :* défiguré.

3. *Retrouvez dans le texte français* ➠ *p. 28* *la traduction des groupes de mots latins suivants.*

1. torpor gravis occupat artus.
2. in ramos bracchia crescunt.
3. oscula dat ligno.
4. quoniam conjux mea non potes esse.

Exercice 4 : réviser la grammaire française

Cherchez dans le texte français ➠ *p. 28* *:*

un sujet - un COD - un complément du nom - un COI - un CC de moyen.

Exercice 5 : le jeu de l'acrostiche

1. *Trouvez dans le texte latin* ➠ *p. 28* *les mots qui signifient :*

il aime - tu peux - des baisers - d'une écorce - au bois - elle gagne.

2. *Écrivez ces mots. Gardez la première lettre de chaque mot, et vous découvrirez un mot caché…*

3. *Déduisez-en ce qu'est un* acrostiche.

Jouer avec la langue

Exercice 6 : comparer

Quel rapport voyez-vous entre le verbe cresco *et les mots suivants ?*

1. la crête d'un coq.
2. le croissant de la lune.
3. un crescendo ou un decrescendo en musique (deux mots italiens issus du latin et passés dans la langue française).
4. les verbes *croître*, *accroître*, *décroître*.
5. une excroissance.

Exercice 7 : retrouver l'origine des mots

Complétez les phrases suivantes avec le mot qui convient, en vous aidant du radical latin.

1. voco : son métier le passionne, c'est une véritable … .
2. video : 2 + 2 = 4, c'est … .
3. dico : un … est un proverbe populaire.
4. audio : ce jeune comédien va passer une … .
5. do : en latin, le COI se met au … .
6. specto : l'acrobate a exécuté un numéro … .

Exercice 8 : LE LATIN & LE GREC

1. *Le verbe latin* audio, is, ire *signifie* entendre, écouter.
Complétez avec le mot juste.

1. Il parle si doucement que son discours est à peine … .
2. La chanteuse a su capter son … .
3. Nous allons procéder à l'… des témoins.
4. Tout moyen pédagogique utilisant l'image et le son est dit … .

2. *En grec, le verbe* écouter *se dit* akouô.

a. *Comment appelle-t-on* la qualité d'un local du point de vue du son ?

b. *Devinez quel est le synonyme venu du grec du mot* audiomètre *(appareil destiné à mesurer l'acuité auditive).*

Exercice 9 : récréation

1. *Retrouvez les formes verbales dont les voyelles ont été effacées.*

D – M – S

– – D – R –

– – M – NT

L – G – NT

D – C – T – S

SP – CT – T – S

2. *Rétablissez l'ordre des lettres pour obtenir des verbes.*

ENNITUST

MITTESI

BRUMISCIS

ACROVE

Le linguiste en herbe

Bis dat qui cito dat.
Celui qui donne vite donne deux fois.

La générosité de celui qui donne de bon cœur et sans réserve équivaut à un double don par rapport à celui qui donne de mauvaise grâce.
Le philosophe Sénèque (Ier siècle apr. J.-C.) est l'auteur de cette pensée.

Qui scribit bis legit.
Celui qui écrit lit deux fois.

Pour comprendre et retenir un texte, on est deux fois plus efficace en l'écrivant.

Prolongements

Les indiscrétions fatales du corbeau

Il n'y avait point de plus belle femme dans toute l'Hémonie que Coronis de Larisse ; elle te plut, dieu de Delphes, du moins tant qu'elle fut chaste ou qu'elle échappa à ta surveillance ; mais l'oiseau de Phebus découvrit qu'elle était infidèle et, pour révéler sa faute secrète, ce dénonciateur inexorable s'envola vers son maître ; [...] il va raconter à son maître qu'il a vu Coronis couchée avec un jeune homme de l'Hémonie. À la nouvelle de ce crime, le dieu qui l'aime laisse tomber sa couronne de laurier ; il change de visage et de couleur ; son plectre[1] lui échappe ; le cœur gonflé d'une bouillante colère, il saisit ses armes coutumières ; courbant les cornes de son arc, il le tend et transperce d'un trait inévitable le sein qu'il pressa tant de fois contre son sein.

Coronis meurt. Apollon sauve leur fils Esculape, qu'elle allait mettre au monde, et le confie au centaure Chiron. Le corbeau perd son blanc plumage en punition...

OVIDE (43 av. J.-C.-17 apr. J.-C), *Les Métamorphoses*, livre 2, v. 542-605, trad. G. Lafaye, Les Belles Lettres, 1985.

1. *Plectre :* baguette de bois servant à pincer les cordes d'un instrument.

1. *Quel trait du caractère d'Apollon nous est ici révélé ? Comparez son attitude avec celle qu'il avait face à Daphné* ➠ *p. 28.*

2. *Comment Ovide montre-t-il qu'Apollon n'est plus maître de lui ?*

Recherches

Qu'est-ce qu'un centaure ? Documentez-vous sur Chiron et sur le rôle qu'il joua auprès d'Esculape. Qui est Esculape ?

César (1921-1998), *Le Centaure. Hommage à Picasso* (1984), bronze (collection privée).

La mort du serpent Python

Recherches

1. *Qui est Python ?*

2. *Quel rapport existe-t-il entre Python, la Pythie et l'oracle de Delphes ?*

Meurtre du serpent Python par Apollon en présence d'Artémis (détail), fresque de la maison des Vétii, Pompéi, quatrième style (env. Ier siècle apr. J.-C.).

La légende du roi Midas

Domenico Zampieri dit Domenichino (1581-1641), *Le Jugement de Midas* (1616-1618) (détail), fresque transférée sur toile (Londres, National Gallery).

Apollon et Pan, dieu des bergers, ont pris pour arbitre Tmolus, le dieu des montagnes : il décidera qui des deux est le plus habile musicien. Midas, roi de Phrygie, assiste à ce concours...

La tête blonde de Phébus est couronnée de laurier ; sa lyre est posée sur sa main gauche. Son pouce fait vibrer les cordes et, ravi de la douceur de ces accords, Tmolus invite Pan à reconnaître que la cithare a vaincu les roseaux. Cette sentence est approuvée de tous ; seul Midas la trouve injuste. Apollon ne veut pas que des oreilles aussi grossières gardent forme humaine : il les allonge et les remplit de poils gris ; Midas a tout le reste d'un homme, mais il a des oreilles d'âne.

Honteux de sa laideur, il cherche à la cacher sous des bandeaux. Mais le serviteur qui a l'habitude de couper ses longs cheveux s'en est aperçu. Il n'ose pas raconter ce qu'il a vu. Cependant, il est incapable de se taire. Alors il se retire à l'écart, creuse un trou dans le sol et murmure la nouvelle dans la terre. Puis il referme le trou, enfouit son secret et s'éloigne en silence. Une épaisse forêt de roseaux se met à croître en ces lieux. Quand ils sont mûrs, balancés par le souffle léger du vent, ils répètent les paroles du serviteur, ils révèlent ce que sont devenues les oreilles de son maître...

D'après Ovide (43 av. J.-C.-17 apr. J.-C), *Les Métamorphoses*, livre XI, v. 160-193, trad. des auteurs.

1. *De quel instrument joue le dieu Pan ?*

2. *Sous la forme de quelle divinité champêtre Pan est-il représenté ?*

Recherches

Le roi Midas est célèbre pour une autre aventure qui lui est arrivée avant celle que vous venez de lire : laquelle ? (Elle est racontée dans Les Métamorphoses *d'Ovide, livre XI, v. 85 et suivants).*

4. Junon et le paon

Marc Chagall (1887-1985),
Le paon contemplant Junon,
gouache sur papier (vers 1926)
(collection privée).

Lire l'image

1. *Peintre d'origine russe, Marc Chagall est généralement considéré comme un peintre coloriste et onirique (qui évoque le rêve). Justifiez ces deux termes en observant le tableau.*

2. *Observez la composition du tableau (place des personnages l'un par rapport à l'autre, couleurs, proportions). Répondez ensuite aux questions suivantes.*
Comment est rendue l'idée que le paon s'adresse bien à Junon ?
Comment apparaît Junon ? En quoi est-elle différente des représentations traditionnelles ?
Quels éléments suggèrent sa puissance et sa divinité ?
Par quel moyen l'artiste met-il en valeur la majesté du paon ?

La légende d'Argus

Jupiter, toujours infidèle à Junon, s'est épris de la nymphe Io. Pour échapper à la vigilance de son épouse, il transforme Io en une génisse d'une blancheur éclatante.

Mais Junon, méfiante, voit l'animal, se doute de quelque chose et demande à Jupiter de lui en faire don. Celui-ci s'exécute à contre-cœur. Junon charge alors Argus de surveiller la génisse.

Argus est un être à cent yeux : ceux-ci se reposent à tour de rôle par groupes de deux ; ainsi peut-il exercer sa suveillance en permanence. Mais Jupiter appelle Mercure pour délivrer Io. Le dieu ailé s'élance sur terre. Là, il fabrique une flûte, la syrinx, et, par ses mélodies, il charme Argus dont tous les yeux cèdent au sommeil. Mercure frappe alors la tête d'Argus, qui roule en bas d'un rocher. Junon recueille les cent yeux d'Argus, en couvre le plumage de l'oiseau qui lui est cher et les répand comme des pierres précieuses sur sa queue étoilée.

Ensuite, Jupiter obtiendra le pardon de Junon. Io redeviendra une jeune fille qui ne gardera de son ancienne apparence que l'éclatante blancheur de son teint.

D'après Ovide (43 av. J.-C.-17 apr. J.-C), *Les Métamorphoses*, livre I, v. 600-747, trad. des auteurs.

Pinturicchio, *Argus* (détail), fresque (Rome, palais du Vatican).

Lire le texte

1. *Relevez les éléments poétiques du texte.*

2. *Expliquez pourquoi on donne à certains journaux ou à des agences de détectives le nom « Argus ».*

3. *Les nymphes sont des divinités féminines de la nature. De quelle nymphe avez-vous entendu parler dans le chapitre précédent ? Quels points communs a-t-elle avec Io ?*

Lire l'image

1. *Quels éléments donnent à Argus l'aspect d'un monstre ?*

2. *En quoi garde-t-il en même temps un côté humain ?*

Les plaintes du paon à Junon

Pavo ad Junonem venit, indigne ferens
cantus luscinii quod sibi non tribuerit ;
illum esse cunctis avibus admirabilem,
se derideri simul ac vocem miserit.
Tunc consolandi gratia dixit **dea** :
« sed **forma** vincis, vincis magnitudine ;
nitor smaragdi collo praefulget tuo
pictisque plumis **gemmeam caudam** explicas ».
« Quo mi » inquit « mutam speciem, si vincor sono ? »
« Fatorum arbitrio partes sunt vobis datae ;
tibi **forma**, vires **aquilae**, luscinio melos ;
augurium corvo, laeva cornici omina ;
omnesque propriis sunt contentae dotibus.
Noli adfectare quod tibi non est datum,
delusa ne spes ad querelam reccidat. »

PHÈDRE (env. 15-50),
Fables, III, 18, trad. des auteurs.

Le paon vint trouver Junon, supportant mal que le chant du rossignol ne lui ait pas été attribué ; cet oiseau, disait-il, était admiré par tous les autres, alors qu'on se moquait de lui dès qu'il faisait entendre sa voix. Alors, pour le consoler, la déesse lui dit : « Mais tu le surpasses par la beauté, tu le surpasses par la grandeur ; l'éclat de l'émeraude brille sur ton cou et, grâce à tes plumes colorées, tu déploies une queue qui a l'éclat des pierres précieuses. » « À quoi me sert une beauté muette, si je suis inférieur par le chant ? » « C'est par la volonté du destin que vos qualités vous ont été données : à toi la beauté, les forces à l'aigle, le chant au rossignol, le don de prédire au corbeau, celui des présages à gauche à la corneille, et tous sont contents des avantages particuliers qu'ils ont obtenus. Ne recherche pas ce qui ne t'a pas été donné, de peur que ton espoir déçu ne se transforme en plainte. »

Lire le texte

1. *Quelle est la fonction des groupes de mots soulignés ?*
<u>la déesse</u> dit
tu déploies <u>une queue qui a l'éclat des pierres précieuses</u>
les forces (ont été données) <u>à l'aigle</u>
tu le surpasses <u>par la beauté</u>

2. *À quels cas latins correspondent les fonctions françaises que vous avez reconnues dans la question 1 ?*

3. **a.** *Quels mots du texte français correspondent aux groupes de mots latins suivants ?*
<u>dea</u> dixit
<u>gemmeam caudam</u> explicas
vires (datae sunt) <u>aquilae</u>
vincis <u>forma</u>
b. *Quelle est la désinence propre à chacun des cas que vous avez identifiés dans la question 2 ?*

Grammaire

Les noms de la 1re déclinaison au singulier : vita, -ae, f

- Les dictionnaires latins présentent toujours les noms de la même façon : ils donnent d'abord leur nominatif, puis leur génitif en abrégé, et enfin leur genre.
  vita, -ae (pour **vitae**), f : *la vie*.
- Les mots de la **première déclinaison** sont pour la plupart **féminins**.

vita, -ae, f : la vie			
cas	**fonction**	**déclinaison**	**exemple**
nominatif	sujet, attribut du sujet	vita	**la vie** est courte
vocatif	apostrophe	vita	ô **vie** !
accusatif	COD	vitam	nous aimons **la vie**
génitif	complément du nom	vitae	les plaisirs **de la vie**
datif	COI	vitae	il tient à **la vie**
ablatif	complément circonstanciel	vita	dans **la vie**

L'adjectif qualificatif

L'adjectif qualificatif s'accorde en **genre** et en **nombre** avec le **nom**.
Au féminin, l'adjectif latin se décline comme **vita**.

vita rustica : la vie campagnarde	
cas	**déclinaison**
nominatif	vita rustica
vocatif	vita rustica
accusatif	vitam rusticam
génitif	vitae rusticae
datif	vitae rusticae
ablatif	vita rustica

Vitam rusticam amo.

Exercices

Vocabulaire

Noms de la 1re déclinaison

aqua, ae, f : eau
aquila, ae, f : aigle
causa, ae, f : cause
domina, ae, f : maîtresse de maison
epistula, ae, f : lettre
fabula, ae, f : fable, légende
forma, ae, f : beauté
fortuna, ae, f : destin, sort
patria, ae, f : patrie
silva, ae, f : forêt
statua, ae, f : statue
via, ae, f : route, voie, rue
villa, ae, f : ferme, maison
vita, ae, f : vie

Verbe

vinco, is, ere : vaincre, l'emporter sur

Appliquer

Exercice 1 : reconnaître les cas

1. *Quelle est la fonction, dans le texte français* ➡ *p. 36**, des groupes nominaux suivants ?*

Junon - du rossignol - sa voix - par la grandeur - de l'émeraude - sur ton cou - grâce à tes plumes colorées - du destin - au rossignol.

2. *Quel cas latin correspond à ces fonctions ?*

Exercice 2 : manier la déclinaison

1. *Déclinez les mots suivants.*

aqua - fabula - epistula - via - villa - silva.

2. *Déclinez ensuite ces six mots à la suite, en changeant de cas à chaque fois :*
le nominatif pour aqua,
le vocatif pour fabula,
l'accusatif pour epistula, *etc.*

Exercice 3 : version

Traduisez en français.

1. Domina venit.
2. Aquila forma vincit.
3. Aquilam videre potestis.
4. In via currit.
5. Statuae formam spectatis.
6. Dominae scribis.
7. Epistulam dominae scribimus.
8. In villa dominae sumus.

Exercice 4 : thème

Cherchez la fonction des groupes nominaux soulignés, puis le cas latin correspondant. Traduisez ensuite ces groupes nominaux en latin.

1. Vous regardez <u>la statue</u> <u>de la déesse</u>.
2. Le maître est dans <u>la forêt</u>.
3. Le paysan cultive <u>la terre</u>.
4. Il aime <u>(sa) patrie</u>.
5. Nous lisons <u>une fable</u>.
6. La vie <u>de la maîtresse de maison</u> est agréable.
7. J'ignore <u>la cause</u> de (ce) malheur.
8. Nous ne connaissons pas les secrets <u>du destin</u>.
9. J'écris <u>à la maîtresse de maison</u>.
10. Nous aimons <u>la vie</u>.
11. Il est vainqueur <u>par (la) beauté</u>.
12. Tu écris <u>une lettre</u>.

Exercice 5 : relire le texte

Retrouvez dans le texte français ➡ *p. 36* *la traduction des groupes de mots suivants.*

1. Pavo ad Junonem venit.
2. consolandi gratia.
3. vincis magnitudine.
4. vincor sono.
5. tibi forma (data est).
6. augurium (datum est) corvo.
7. noli adfectare.
8. ne spes ad querelam reccidat.

Jouer avec la langue

Exercice 6 : récréation

Trouvez les vingt mots qui se cachent dans ce carré magique, horizontalement, verticalement, à l'endroit ou à l'envers.

S	P	E	C	T	A	S	D	R	O
I	M	E	R	C	U	R	I	U	S
B	P	S	E	E	T	O	C	O	V
I	A	V	S	R	A	J	U	N	O
R	T	O	C	E	T	M	N	S	I
C	R	P	O	S	S	E	T	U	T
S	I	T	I	D	U	A	B	M	N
M	A	V	L	I	S	T	T	S	E
V	I	L	L	A	V	I	D	E	S
A	Q	U	I	L	A	V	F	D	H

Exercice 7 : terra, ae, f

Sachant que terra *signifie* la terre *en latin, chassez les intrus.*

terroir - terrasse - terreur - terrier - terreau - territoire - terroriste - tertiaire - terrine - terril - terrible.

Exercice 8 : aqua, ae, f

Sachant que l'eau *se dit* aqua *en latin, complétez les phrases suivantes.*

1. Les poissons vivent en milieu … .
2. Les Romains ont construit de superbes … .
3. Quel est le mot dérivé de aqua, commun à ces trois villes : …-les-Bains, …-la-Chapelle, …-en-Provence ?
4. La pierre semi-précieuse de couleur bleue s'appelle une …-marine.

Exercice 9 : forma, ae, f

Sachant que forma *signifie* la beauté, la forme *en latin, comment appelle-t-on :* un objet sans forme ? un objet dont la forme a été abîmée ?

Exercice 10 : LE LATIN & LE GREC

Vita *en latin et* bios *en grec signifient* la vie.

1. *Quels mots français tirés du latin* vita *correspondent à ces définitions ?*

1. Essentiel à la vie d'un individu.
2. Énergie d'une personne.
3. Substance indispensable à la vie d'un organisme.
4. Fournir une personne ou une communauté en vivres.
5. Pour soigner une dent malade, le dentiste doit parfois la … .

2. *Complétez les phrases suivantes avec un mot tiré du grec* bios.

1. Étudier les êtres vivants, c'est le domaine de la … .
2. Écrire la vie d'un homme célèbre, c'est faire sa … .
3. Les … sont des organismes cellulaires invisibles à l'œil nu et dont la vie est courte.
4. Pour lutter contre les maladies, on a souvent recours aux … .
5. Une personne qui écrit l'histoire de sa vie fait son … .

Le linguiste en herbe

Rara avis in terra.

Oiseau rare sur la terre.

Le poète Juvénal (*Satires*, VI, v. 165) compare le cygne noir, oiseau rare entre tous, aux femmes fidèles à leurs maris ! Le cygne est en outre associé à Jupiter, qui se transforma en cet animal pour séduire Léda. À la suite de cette liaison passagère, Léda eut quatre enfants, dont la belle Hélène, qui fut à l'origine de la guerre de Troie.

Les origines de la guerre de Troie

Trois déesses, Junon, Minerve et Vénus, s'opposent lors d'un concours de beauté. Mercure doit remettre une pomme d'or à la plus belle, mais il décharge sa responsabilité sur un jeune et beau berger troyen : Pâris…

Le joli pâtre s'arrête, interdit, à la vue des trois déesses, et confus du rôle qu'on lui assigne. Jamais pareil spectacle n'avait frappé ses regards. Son émotion s'accroît lorsque chacune s'évertue à capter son suffrage.

Junon, descendue de son char traîné par deux paons, se présente la première. Elle apparaît comme une véritable déesse, le front haut, l'air fier, dans tout l'éclat d'une splendeur souveraine. Pâris, impressionné, tend déjà la pomme d'or, lorsque Minerve arrive en son costume guerrier ; le visage calme et triomphant reflète la sagesse et la victoire. Le fils de Priam hésite. Dans le doute, il est sur le point de couper la pomme en deux, et d'en offrir à chacune la moitié, quand Vénus accourt souriante, sans apprêt d'aucune sorte. Son opulente chevelure blonde et dorée des rayons du soleil lui sert d'unique parure. La douceur de ses yeux et la grâce de sa personne suffisent à déterminer le juge Pâris. La pomme d'or est décernée à Vénus, incontestable déesse de la beauté.

Junon et Minerve prennent en horreur les Troyens et secourent les Grecs ; Vénus, secondée par Apollon, montre sa reconnaissance à Pâris en aidant les Troyens…

Émile GENEST, *Contes et Légendes mythologiques*, Nathan, 1947.

1. *À quoi voit-on que Pâris est jeune et se laisse vite séduire par chacune des déesses ?*

2. *Identifiez ici les caractéristiques de chaque déesse. Relevez les adjectifs et les noms les décrivant.*

Recherches

1. *Qui est Priam ? Combien a-t-il de fils ?*

2. *Cherchez quel rôle joua Pâris dans la guerre de Troie.*

1. *Qui reconnaissez-vous dans ce tableau ?*

2. *À quels détails identifie-t-on les déesses ? Justifiez le choix fait par l'artiste de miss Universe, miss Passion et miss Art.*

3. *À quelle cérémonie vous font penser les trois déesses ? En quoi est-ce bien adapté au texte ?*

Charles Bell (1935-1995), *Le Jugement de Pâris* (1986), huile sur toile (New York, Louis K. Meisel Gallery).

Un banquet divin

Vénus a un fils : Éros en grec, Cupidon en latin, appelé aussi le dieu Amour. À l'âge adulte, le beau dieu s'éprit d'une jeune fille, Psyché, vénérée pour sa très grande beauté, à l'égal de Vénus. Lorsque la déesse découvrit que son propre fils en était amoureux, elle s'acharna sur Psyché jusqu'à ce que les dieux s'émeuvent. Psyché fut alors admise au rang des immortels et le mariage eut enfin lieu...

Maurice Denis (1870-1943), *Histoire de Psyché : enlèvement de Psyché*, huile sur toile (XXe siècle) (Paris, musée d'Orsay).

Et aussitôt, on sert un magnifique repas de noces. Sur le lit d'honneur était le mari, tenant Psyché embrassée, et, de la même façon, Jupiter avec sa Junon, et, ensuite, par ordre, tous les dieux. La coupe de nectar, qui est le vin des dieux, est présentée à Jupiter par son échanson, le petit paysan, les autres sont servis par Liber ; Vulcain faisait la cuisine. Les Heures mettaient partout l'éclat pourpre des roses et d'autres fleurs, les Grâces répandaient des parfums, les Muses faisaient entendre une musique harmonieuse. Apollon chanta en s'accompagnant de la lyre, Vénus, au son d'une belle musique, dansa gracieusement, après s'être constitué un orchestre dans lequel les Muses chantaient en chœur, un Satyre jouait de la double flûte et un Pan du chalumeau. C'est ainsi que Psyché passa, selon les règles, sous la puissance de l'Amour, et, lorsque le moment fut venu, il leur naquit une fille, que nous nommons Volupté.

APULÉE (env. 125-170), *Les Métamorphoses*, livre VI, 23, trad. P. Grimal, Gallimard, coll. « Bibliothèque de la Pléiade », 1958.

1. *Comment l'atmosphère harmonieuse du banquet est-elle mise en évidence dans cet extrait ? Montrez que le goût, l'ouïe et l'odorat sont savamment exploités lors de cette somptueuse fête.*

2. *Quel rôle joue le mari de Vénus ? Comment l'expliquez-vous ?*

3. *Comment Vénus se console-t-elle d'avoir dû céder à Jupiter ?*

Recherches

1. *Cherchez qui sont l'échanson des dieux et Liber.*

2. *Qui sont les Grâces et les Heures ?*

3. *Qu'est-ce qu'un Satyre ?*

4. *De quel instrument joue le dieu Pan ?*

5. Dédale et Icare

Dédale et Icare (XVe siècle), gravure sur bois (collection privée).

Lire l'image

L'œuvre présentée ci-dessus date du XVe siècle ; elle semble pourtant résolument moderne.

1. *Décrivez les personnages présentés : leur mouvement, leurs gestes, les costumes, les couleurs choisies.*

2. *Que représente le paysage ? Que symbolise l'image de la ville à droite, pour ces deux captifs évadés ?*

3. *Que symbolise l'oiseau qui vole derrière Dédale ? Et celui qui tombe dans l'eau ?*

4. *Comment le désespoir de Dédale est-il exprimé ?*

Le monstre du Labyrinthe

De nombreux monstres peuplent les mythologies grecque et romaine. L'architecte légendaire Dédale fut confronté à l'un des plus célèbres : le Minotaure.

En Crète vivait un être, mi-homme, mi-taureau, fils de la femme du roi Minos, Pasiphaé, et d'un taureau offert par Poséidon : on l'appelait le Minotaure. Lorsqu'il naquit, Minos demanda à Dédale, grand architecte, sculpteur et inventeur athénien, de construire, pour y enfermer le monstre, une prison d'où il serait impossible de s'enfuir. C'est ainsi que fut créé le Labyrinthe.

Tous les ans, sept jeunes gens et sept jeunes filles de la noblesse athénienne devaient être offerts en sacrifice au Minotaure qui les dévorait. Un jour, le héros athénien Thésée décida d'aller combattre le monstre. Après l'avoir tué, il parvint à sortir du Labyrinthe, grâce à l'aide d'Ariane, la fille de Minos. Celle-ci était en effet amoureuse de Thésée. Elle lui avait donc donné un peloton de fil que Thésée avait déroulé sur son chemin dans le Labyrinthe et grâce auquel il put retrouver la sortie. C'est Dédale qui avait donné cette idée à Ariane. Furieux d'avoir été trahi, Minos se vengea en emprisonnant dans le Labyrinthe l'architecte et son fils Icare.

Pablo Picasso (1881-1973), *Minotaure et Jument morte devant une grotte face à une jeune fille au voile*, gouache et encre de Chine (6 mai 1936) (Paris, musée Picasso).

Lire l'image

1. *Comment le tableau de Picasso illustre-t-il le double aspect du Minotaure ?*

2. *Quel sens pourrait-on donner aux deux mains tendues vers lui ? Et au visage de la jeune fille ?*

Lire le texte

1. *Que signifie le mot « Minotaure » ?*

2. *Pour quelle raison Minos crée-t-il le Labyrinthe ?*

3. *Le « fil d'Ariane » est devenu une expression française : quel est son sens ?*

4. *Dans quel conte français un enfant retrouve-t-il son chemin grâce à un autre « fil d'Ariane » ?*

Lire en latin

La chute d'Icare

Sur ordre de Minos, roi de Crète, l'architecte Dédale est retenu prisonnier avec son fils Icare dans le labyrinthe qu'il a lui-même construit. Dédale décide de s'enfuir par la seule voie possible : les airs. Il fabrique donc deux paires d'ailes qu'il fixe avec de la cire sur ses épaules et celles de son fils. Tous deux prennent leur envol, le père guidant le fils...

Puer audaci coepit gaudere volatu
Deseruitque ducem caelique cupidine tractus
Altius egit iter. Rapidi vicinia solis
Mollit odoratas, **pennarum** vincula, **ceras** ;
Tabuerant **cerae** ; nudos **quatit** ille lacertos
Remigioque carens non ullas percipit auras
Oraque caerulea patrium clamantia nomen
Excipiuntur aqua, quae nomen traxit ab illo.
At pater infelix, nec jam pater : « Icare, » dixit
« Icare, » dixit « ubi es ? qua te regione requiram ? »
« Icare, » dicebat ; **pennas** aspexit in **undis**
Devovitque suas artes corpusque sepulcro
Condidit ; et tellus a nomine dicta sepulti.

OVIDE (43 av. J.-C.-17 apr. J.-C.),
Les Métamorphoses, livre VIII, v. 223-235, trad. des auteurs.

L'enfant commença à se réjouir de son vol audacieux et abandonna son guide ; poussé par son attirance vers le ciel, il prit un chemin plus élevé. Alors, le voisinage du soleil dévorant amollit les attaches odorantes des plumes, faites de cire ; la cire avait fondu ; Icare agite ses bras nus et, privé de ses ailes, n'a plus aucune prise sur les airs. Sa bouche, qui crie le nom de son père, est engloutie dans l'eau bleue à laquelle il a donné son nom[1]. Mais le malheureux père, qui n'est déjà plus un père, dit : « Icare, Icare, où es-tu ? En quel endroit te chercher ? » « Icare ! », disait-il. Il aperçut des plumes sur les flots. Alors, il maudit ses talents et enferma dans un tombeau le corps de son fils. Et la terre où il fut enseveli porte son nom.

1. Icare est tombé au milieu de la mer Icarienne et a été enseveli dans l'île Icaria.

Lire le texte

1. *Quelle est la fonction des groupes nominaux soulignés ? Quel cas latin lui correspond ?*
pennarum vincula : les attaches des plumes
tabuerant cerae : les attaches de cire avaient fondu
pennas aspexit in undis : il aperçut des plumes sur les flots

2. *Observez la phrase suivante : quel petit mot signifie* et *?*
Aspexit pennas devovitque suas artes : Il aperçut des plumes et maudit ses talents.
Trouvez un autre emploi identique dans le texte.

3. *Comparez les trois verbes suivants : quels sont leurs points communs ?*
Quelles différences remarquez-vous ?
ago, is, ere : faire, agir - mollio, is, ire : amollir - quatio, is, ere : agiter

Grammaire

Les noms de la première déclinaison au pluriel : vita, -ae, f

➡ *le singulier de la 1re déclinaison, p. 37*

vita, vitae, f : la vie	
cas	**déclinaison**
nominatif	**vitae**
vocatif	**vitae**
accusatif	**vitas**
génitif	**vitarum**
datif	**vitis**
ablatif	**vitis**

Le présent de l'indicatif : la conjugaison mixte

Elle se conjugue comme la quatrième conjugaison, mais son infinitif est en **-ere**, comme dans la troisième conjugaison.

3e conjugaison		**conjugaison mixte**		**4e conjugaison**	
legere : lire		**capere** : prendre		**audire** : entendre, écouter	
lego	**legimus**	**capio**	**capimus**	**audio**	**audimus**
legis	**legitis**	**capis**	**capitis**	**audis**	**auditis**
legit	**legunt**	**capit**	**capiunt**	**audit**	**audiunt**

La particule -que

En latin, on traduit *et* par **et** ou par **-que**.
On soude la particule **-que** à la fin du deuxième mot :
aqua et terra ou **aqua terraque** : *l'eau et la terre.*

Exercices

Vocabulaire

Noms masculins

agricola, ae, m : paysan
conviva, ae, m : invité
nauta, ae, m : marin
poeta, ae, m : poète

Noms féminins

cera, ae, f : cire, tablette
pecunia, ae, f : argent
penna, ae, f : plume
puella, ae, f : jeune fille
unda, ae, f : onde, eau

Verbes

capio, is, ere : prendre
clamo, as, are : crier
curro, is, ere : courir
facio, is, ere : faire
laboro, as, are : travailler
vivo, is, ere : vivre

Mots invariables

-que : et
ubi ? : où ? (lieu où l'on est)

Appliquer

Exercice 1 : transposer au pluriel

Traduisez en français les phrases suivantes. Puis mettez-les au pluriel.

1. Epistulam lego. **2.** Poetam audimus. **3.** Deae statuam non habemus. **4.** Agricolae scribo. **5.** In via sumus. **6.** Puella currit.

Exercice 2 : transposer au singulier

Traduisez en français les phrases suivantes. Puis mettez-les au singulier.

1. Dominarum convivas vocamus. **2.** Poetis epistulas do. **3.** In undis pennas videt. **4.** Agricolae terras amant. **5.** Deas non times. **6.** Puellae in villis vivunt.

Exercice 3 : version

Traduisez en français.

1. Ubi legunt puellae ? **2.** Convivae in villa sunt. **3.** Poetarum fabulas legimus. **4.** Epistulas mittitis. **5.** Agricolae laborant. **6.** Nautae aquilam vident. **7.** Dearum statuas spectamus. **8.** Domina puellas vocat.

Exercice 4 : thème

Traduisez en latin les phrases suivantes après avoir repéré la fonction de chaque groupe de mots et retrouvé le cas correspondant en latin.

1. Le poète écrit la vie du paysan.
2. La jeune fille envoie des lettres aux invités.
3. Les maîtresses de maison donnent de l'argent aux jeunes filles.
4. Vous regardez les statues des déesses.
5. Nous voyons des plumes dans l'eau.
6. Le marin aime l'eau, le paysan aime la terre.

Exercice 5 : relire le texte

Dans cet extrait du texte ➡ *p. 44**, les mots suivants ont été supprimés.*

ceras - remigioque - cerae - pennarum - aqua - quatit.

Recopiez le texte en le complétant.

Rapidi vicinia solis
Mollit odoratas, ... vincula, ... ;
Tabuerant ... ; nudos ... ille lacertos
... carens non ullas percipit auras
Oraque caerulea patrium clamantia nomen
Excipiuntur ..., quae nomen traxit ab illo.

Jouer avec la langue

Exercice 6 : récréation

Recopiez cette grille de mots croisés et complétez-la.

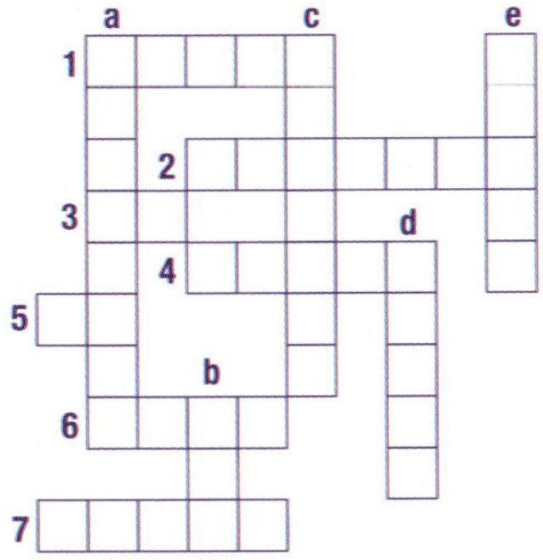

Horizontalement : 1. Tu écoutes. 2. Courir. 3. Dans. 4. Tu as. 5. Je donne. 6. L'eau. 7. Tu vis.

Verticalement : a. Le paysan. b. Où ? c. Tu écris. d. La forêt. e. Le poète.

Exercice 7 : le jeu de l'acrostiche

Retrouvez dans le texte ➞ *p. 44* *les mots qui signifient :*
malheureux - il commença - plus élevé - un endroit - où ? - un tombeau.
Recopiez-les verticalement et vous trouverez le nom latin du héros de ce chapitre.

Exercice 8 : LE LATIN & LE GREC

1. *En latin,* facio, is, ere *signifie* faire.

a. *Quel adjectif français signifie* qui peut être fait aisément ?

b. *Comment appelle-t-on* celui qui fait les orgues ou les pianos ? *Cherchez comment la signification de ce mot a ensuite évolué.*

c. *Quel mot désigne* la façon dont un objet est fait ? *Et quand il est fait à la main ?*

2. *En grec,* faire *se dit* poïein.
Donnez aux mots suivants une définition qui contiendra le verbe faire.
poète - épopée - onomatopée.

Exercice 9 : nauta, ae, m : le marin

1. *Dans son roman* Vingt mille lieues sous les mers, *Jules Verne fait construire un sous-marin au capitaine Nemo : quel est son nom ?*

2. *Comment s'appelle* un navigateur de l'air ? *Et* un navigateur de l'espace ?

Exercice 10 : clamo, as, are : crier

Quels verbes correspondent à ces définitions ?

1. Saluer par des cris de joie. 2. Demander avec insistance. 3. Reconnaître solennellement. 4. Réciter à haute voix. 5. Synonyme de *s'écrier*.

Exercice 11 : unda, ae, f : l'eau

Unda *est un terme poétique pour désigner l'eau, comme le mot français* onde. *Complétez ces phrases avec le mot juste.*

1. Une forte pluie, subite et courte, s'appelle une … . 2. Sous l'effet du vent, les blés … dans les champs. 3. Le marin contemple les … des vagues. 4. La jeune fille a des cheveux souples, légèrement … .

Exercice 12 : penna, ae, f : plume

Ce mot a la même origine que le mot anglais pencil : crayon. *Expliquez pourquoi.*
Devinez ce que signifie le mot anglais penfriend.

Le linguiste en herbe

Aquila non capit muscas.
L'aigle n'attrape pas les mouches.

Ce proverbe signifie qu'un homme important ne s'occupe pas des petites choses, de ce qui est au-dessous de lui.

Prolongements

Le destin d'Ariane, fille de Minos

Ariane aimait Thésée et lui avait fait promettre de l'épouser après sa victoire sur le Minotaure. Thésée l'emmena donc avec lui. Durant le voyage, ils firent escale dans l'île de Naxos, pour y passer la nuit. Au matin, lorsque Ariane se réveilla, elle vit que ses compagnons de route l'avaient abandonnée. Mais la jeune fille ne resta pas longtemps seule avec son chagrin : bientôt, arrivèrent le dieu Dionysos et ses compagnons. Le dieu, immédiatement séduit par la grande beauté d'Ariane, l'épousa et l'emmena avec lui dans l'Olympe. Comme cadeau de mariage, il lui offrit un diadème en or, fabriqué par le dieu Héphaïstos ; ce diadème devint plus tard une constellation : la constellation d'Ariane.

Le triste retour de Thésée…

Thésée revint donc seul à Athènes. Il avait promis à son père, Égée, que, s'il avait vaincu le Minotaure, il hisserait une voile blanche sur le mât de son navire. Mais il oublia sa promesse, et Égée, qui guettait sur la côte le retour de son fils, ne voyant pas la voile blanche, crut que son fils était mort…

Ariane donne à Thésée la pelote de fil avec laquelle il pourra trouver la sortie du Labyrinthe (détail de la mosaïque de Thésée), pavement de mosaïque d'une villa romaine (IVe siècle) (Vienne, Kunsthistorisches Museum).

Recherches

1. *Cherchez dans des dictionnaires ce qui arriva au père de Thésée après sa méprise et justifiez le nom donné à la mer Égée.*

2. *Quel roman du Moyen Âge utilise le même motif de la voile blanche ou noire ?*

La Crète

1. *Décrivez les personnages : en quoi sont-ils très modernes ? Pourquoi a-t-on surnommé le portrait féminin* La Parisienne *?*

2. *Quelles sont les couleurs utilisées ? Quel est l'effet produit ?*

À gauche : fresque provenant de Cnossos, dite *La Parisienne* (détail), art créto-minoen (vers 1700-1400 av. J.-C.) (Grèce, Héraklion, Musée archéologique).

À droite : un offrant (détail de la fresque des grandes propylées), art créto-minoen (vers 1700-1400 av. J.-C.) (Crète, Cnossos).

La Crète est la plus grande des îles grecques, avec 260 kilomètres environ d'est en ouest et de 12 à 56 kilomètres du nord au sud. Les montagnes blanches dominent à l'ouest, tandis qu'au centre s'élève le mont Ida, où la tradition place l'enfance de Zeus.

L'Anglais Sir Arthur Evans découvrit au début du XXe siècle, à Cnossos, l'existence d'une culture avancée. On peut visiter le palais de Minos et ses fresques richement colorées, ses magasins, ses appartements, ses salles de bains luxueuses, ses propylées, une cour centrale et des cours secondaires, une salle du trône, des couloirs à l'infini qui donnent une idée exacte de ce qu'était un labyrinthe.

Repérez sur la carte (➡ couverture intérieure) où se trouve la Crète.

Le labyrinthe

1. *Donnez une définition du mot « labyrinthe ».*

2. *Au sens figuré, que signifient les expressions suivantes ?* un labyrinthe de ruelles - le labyrinthe des démarches administratives - être perdu dans le labyrinthe de ses pensées - se trouver dans un labyrinthe de difficultés.

3. *On parle aussi d'un « dédale de rues ». D'après vous, d'où vient cette expression ?*

Pierre Alechinsky (né en 1927), *Labyrinthe d'apparat*, lithographie sur papier (1973) (Paris, Musée national d'art moderne, centre Pompidou).

QUIBUS VE
UM AEDEM
POLLONIS
VIS IN CAP
N EA PARTE
UAM FULM
DEO HARU
DITIT PO

PARTIE 2

Les débuts de l'histoire

6. Romulus, Rémus : la naissance

La louve du Capitole, bronze étrusque (louve : début du Ve siècle av. J.-C. ; jumeaux : Renaissance) (Rome, musée du Capitole).

Lire l'image

Romulus et Rémus sont les descendants d'Énée et les fils du dieu Mars et d'une prêtresse.

1. *D'après vous, pourquoi les Romains sont-ils si attachés à cette légende ?*

2. *Décrivez cette louve : que représente-t-elle ? Quel matériau a été utilisé ?*

3. *Pourquoi la louve est-elle devenue le symbole de Rome ?*

La louve et les enfants

Après la guerre, Troie a été réduite en cendres. Seul le prince Énée a pu échapper au désastre. Avec son père Anchise et son fils Ascagne, il embarque à la recherche d'une nouvelle terre et arrive en Italie. Il s'y installe, s'y marie et, trois siècles plus tard, voici ce que deviennent ses descendants...

La succession des rois d'Albe, descendants d'Énée, était arrivée aux mains de deux frères, Numitor et Amulius. Amulius fit deux parts de leur héritage et mit, d'un côté, le trône et, de l'autre, les biens et l'or apportés de Troie : Numitor choisit le trône et Amulius, détenteur des richesses, et devenu, grâce à elles, plus puissant que Numitor, n'eut aucun mal à lui enlever le trône ; mais, craignant que la fille de son frère n'eût des enfants, il la fit prêtresse de Vesta, afin qu'elle restât sa vie durant vierge et sans époux. [...]

On s'aperçoit à peu de temps de là qu'elle est enceinte, contrairement à la loi établie pour les vestales. Elle n'évita l'irréparable que sur les prières qu'Antho, la fille du roi, fit à son père pour obtenir sa grâce, mais elle fut enfermée et mise au secret, pour empêcher qu'elle accouchât à l'insu d'Amulius. Elle mit au monde deux enfants, merveilleusement grands et beaux. Alors Amulius, encore plus alarmé, chargea un serviteur de les prendre et de les exposer. Il s'appelait, selon certains, Faustulus ; mais pour d'autres, ce n'est pas lui qui portait ce nom, mais l'homme qui les recueillit. Ayant donc mis les nouveau-nés dans une corbeille, il descendit au fleuve pour les y jeter ; mais devant la montée des eaux et l'impétuosité du courant, il eut peur d'approcher, les déposa sur la berge et se retira. Le fleuve débordant, le flot souleva la corbeille et l'éleva doucement pour la porter dans un endroit assez accueillant [...].

La louve et les jumeaux Rémus et Romulus, mosaïque romaine provenant d'Aldborough, en Grande-Bretagne (IVe siècle) (Leeds, City Museum).

Il y avait près de là un figuier sauvage, qu'on appelle Ruminal [...]. C'est là que les nouveau-nés, déposés sur le sol, furent, dit-on, allaités par la louve et qu'un pivert venait partager avec elle le soin de les nourrir et les garder. Ces animaux passent pour être consacrés à Mars et les Latins vouent au pivert une vénération et un culte particulier ; ce fait, plus que tout autre, vint corroborer les dires de la mère, qui affirmait avoir eu ses enfants de Mars.

PLUTARQUE (env. 50-env. 125), *Vies parallèles : Thésée-Romulus*, trad. J.- A. Pierron revue par Fr. Frasier, Flammarion, coll. « GF », 1996.

Lire le texte

1. *L'écrivain grec Plutarque a mis en parallèle des vies illustres pour les proposer en exemple. Pourquoi, selon vous, a-t-il choisi Thésée et Romulus ?*

2. *Quel caractère Plutarque prête-t-il à Amulius ?*

3. *À quels détails voit-on le souci de Plutarque de respecter la vérité historique ?*

Lire en latin

L'origine de l'Empire romain

Ascagne, le fils d'Énée, fonda la ville d'Albe-la-Longue après la mort de son père. Quelques générations plus tard, Procas, selon la légende, en devient le roi.

Proca, rex Albanorum, duos **filios**, Numitorem et **Amulium**, habuit. Numitori, qui natu major erat, regnum reliquit : sed **Amulius**, pulso fratre, regnavit, et ut eum solum sobole privaret, Rheam Silviam ejus filiam Vestae sacerdotem fecit, quae tamen **Romulum** et **Remum** uno partu edidit. Quo cognito, Amulius ipsam in vincula conjecit, parvulos alveo impositos abjecit **in Tiberim**, qui tunc forte super ripas effusus ; sed, relabente flumine, eos aqua in sicco reliquit. Vastae tum **in** iis **locis** solitudines erant. Lupa, ut fama traditum est, ad vagitum accurrit, infantes lingua lambit, ubera eorum ori admovit, matrem se gessit.

Abbé C.-F. Lhomond (grammairien du XVIIIe siècle), *De viris illustribus*, trad. J. Gaillard, Actes Sud, coll. « Babel », 1995.

Procas, roi des Albains, eut deux fils, Numitor et Amulius. À Numitor, qui était l'aîné, il laissa le trône : mais Amulius, après avoir chassé son frère, régna et, pour le priver de descendance, il fit de sa fille Rhéa Silvia une prêtresse de Vesta, qui cependant mit au monde, en une seule fois, Romulus et Rémus. Ayant appris cela, Amulius emprisonna la Vestale et, après avoir placé les petits dans un berceau, les jeta dans le Tibre, qui par hasard s'était répandu sur ses rives ; mais, quand le fleuve se retira, l'eau laissa les enfants sur la terre sèche. Il y avait alors de vastes déserts en ces lieux. Une louve, comme le rapporte la tradition, accourut vers le vagissement, lécha les enfants, leur tendit à la bouche ses mamelles et se comporta avec eux comme une mère.

Lire le texte

1. a. *Quelle est la fonction des mots français soulignés ? Quel cas latin lui correspond ?*
Amulius regnavit : Amulius régna.
Proca duos filios, Numitorem et Amulium, habuit : Procas eut deux fils, Numitor et Amulius.
Quel est le genre des mots latins soulignés ?
b. *Quelle est la fonction des mots français soulignés ? Quel cas latin lui correspond ?*
Proca, rex Albanorum, duos filios habuit : Procas, roi des Albains, eut deux fils.
in iis locis : dans ces lieux.

2. a. *À quel cas vous fait penser la terminaison du mot souligné ?*
In Tiberim parvulos abjecit : Il jeta les petits dans le Tibre.
b. *Quelle différence de sens constatez-vous avec* In undis pennas aspexit :
Il aperçut des plumes dans les flots *(➡ p. 44) ?*

Grammaire

Les noms de la deuxième déclinaison : dominus, -i, m

- On reconnaît les noms de la deuxième déclinaison à leur génitif en **-i**.
- La plupart des noms de la deuxième déclinaison se terminent en **-us** et sont du genre masculin. Ces noms sont présentés ainsi dans le dictionnaire : **dominus, -i, m** : *le maître*.

dominus, -i, m : le maître			
cas	**fonction**	**singulier**	**pluriel**
nominatif	sujet, attribut du sujet	**dominus**	**domini**
vocatif	apostrophe	**domine**	**domini**
accusatif	COD	**dominum**	**dominos**
génitif	complément du nom	**domini**	**dominorum**
datif	COI	**domino**	**dominis**
ablatif	complément circonstanciel	**domino**	**dominis**

- Au masculin, l'adjectif qualificatif se décline généralement comme **dominus** :
bonus dominus : *le bon maître* - **boni domini** : *les bons maîtres.*
L'adjectif qualificatif s'accorde en genre et en nombre avec le nom.

L'expression du lieu

- **in** + ablatif exprime le lieu où l'on est.
- **in** + accusatif exprime le lieu où l'on va.

Exercices

Vocabulaire

Noms de la première déclinaison

fama, ae, f : rumeur, réputation
filia, ae, f : fille
lingua, ae, f : langue
lupa, ae, f : louve
ripa, ae, f : rive

Mots invariables

ad + accusatif : vers, à
forte : par hasard
tamen : cependant
tum : alors

Noms de la deuxième déclinaison

amicus, i, m : ami
campus, i, m : plaine
dominus, i, m : maître
equus, i, m : cheval
hortus, i, m : jardin
locus, i, m : lieu
lupus, i, m : loup
servus, i, m : esclave

Verbes

regno, as, are : régner
relinquo, is, ere : laisser, abandonner

Appliquer

Exercice 1 : manier la 2e déclinaison

Analysez et traduisez en latin les mots soulignés.

1. L'ami vient. 2. Maître, je t'écoute. 3. Il craint le dieu. 4. Le fils obéit au maître. 5. Nous venons à cheval. 6. Je regarde le cheval de mon ami. 7. L'esclave travaille dans le jardin. 8. Le loup vient dans la plaine.

Exercice 2 : reconnaître les cas

Analysez ces phrases puis traduisez-les en latin.

1. Deus regnat. 2. Lupum timemus. 3. Tum amicus venit. 4. Romulus dei filius est. 5. In campo equos video. 6. Filios amamus. 7. Domine, non legis. 8. In campis currimus. 9. Servi filius statuas deorum spectat.

Exercice 3 : lire en latin

Traduisez cette fable adaptée du fabuliste Phèdre.

Lupus et agnus

Agnus in agro (dans un champ) vivit et saepe (souvent) ad rivum (un ruisseau) venit.
Subito lupus e (hors de) silva currit et agno dicit :
– Meam aquam bibis (tu bois).
Agnus timet et lupo respondet :
– Tuam aquam non bibo, lupe.
Sed lupus agnum capit, eum trahit (il le traîne) et vorat ((le) dévore).

Exercice 4 : utiliser les compléments de lieu

Complétez les mots au cas voulu.

1. In camp... sumus.
2. In camp... venit.
3. Ad camp... venit domini filius.
4. Lupa Romulum et Remum in rip... trahit.
5. Lupa ad Romul... et Rem... venit.
6. Dominus in vill... est.
7. Servi ad vill... currunt.

Exercice 5 : retenir le texte

Retrouvez la traduction de ces phrases.

1. Proca duos filios habuit.
2. Amulius, pulso fratre, regnavit.
3. Amulius parvulos in Tiberim abjecit.
4. Aqua eos in sicco reliquit.
5. Lupa ad vagitum accurrit.

Jouer avec la langue

Exercice 6 : le jeu de l'intrus

Quel est le mot qui, dans chaque liste, n'est pas issu du même radical que les autres ?

1. équitation - équestre - équitable - équidés.
2. campagne - Champagne - champignon - décamper - campanile - champion.
3. localiser - local - locution - localement - location.
4. servile - serveur - serrer - serviette - serf - service.
5. fameux - famine - infamie - diffamer - mal famé.

Exercice 7 : retrouver l'origine des mots

Cherchez dans le texte ➞ *p. 54* *les mots latins qui sont à l'origine des mots français suivants.*

local - natal - majorité - fraternel - sacerdoce - fortuit - relique - bilingue - fluvial - répulsion.

Exercice 8 : LE LATIN & LE GREC

1. Amicus, i *signifie* ami *en latin.*
Expliquez le sens des mots suivants en les employant dans une phrase.

amical - inimitié - amiable.

2. *Le mot* philos *signifie aussi* ami *en grec.*

a. *On le retrouve en suffixe dans les mots qui signifient :*

qui aime la France - l'Allemagne - l'Angleterre…
qui aime les livres - la BD - le cinéma.
qui aime l'eau.

b. *On le retrouve également en préfixe dans les mots signifiant :*

qui aime l'humanité - qui étudie la sagesse - qui collectionne les timbres.

Quels sont ces mots ?

Exercice 9 : récréation

1. *Rétablissez le texte suivant, en séparant les mots et en restituant la ponctuation.*

RHEASILVIADUOSFILIOSHABETAM
ULIUSPARVULOSINTIBERIMABJICI
TSEDRELABENTEFLUMINEEOSA
QUAINTERRARELINQUITTUMLU
PAADVAGITUMACCURRITMATREM
QUESEGERIT.

2. *Que dit ce personnage ? La phrase qu'il prononce est composée de quatre mots, donnés dans le désordre.*

Le linguiste en herbe

Deus ex machina

Le théâtre antique aimait les effets spectaculaires : ainsi, c'est au moyen d'une machine que les dieux descendaient sur scène pour intervenir dans le dénouement d'une pièce. De nos jours, cette expression s'emploie pour parler du dénouement peu vraisemblable mais heureux d'une situation tragique.

Prolongements

Les confidences de Mamma Lupa

Dans ce récit humoristique, c'est la louve elle-même qui parle...

J'avais ramené les deux petites choses grasses, agitées et souriantes autant par bonté d'âme que pour amuser mes louveteaux. Au début, il y eut bien des coups de crocs par-ci et des gamelles accrochées aux queues par-là, mais très rapidement tout mon petit monde fit bon ménage.

Avec Rémus et Romulus, comme s'appelaient les petits que j'avais recueillis, j'avais des ennuis et aussi des satisfactions. En effet, les petits d'homme s'avéraient très en retard sur mes propres enfants dans leurs études : ils saisissaient beaucoup plus mal les odeurs, dans le vent, n'étaient guère capables de suivre le gibier en flairant ses effluves laissés contre les ronces ou les roseaux et se laissaient battre à la course. Par contre, ils ne me quittaient pas des jours entiers, comme mes louveteaux ; ils n'osaient pas grogner contre moi quand nous avions tué un onagre et ne me disputaient pas les meilleurs morceaux : ils avaient de l'éducation, ils ne mordaient pas à même le gibier, mais en arrachaient des morceaux et les portaient à leur gueule avec leurs pattes.

C'est alors que j'ai compris qu'ils étaient des petits d'homme et que, contrairement à nous autres, les hommes ne naissent pas avec leurs manteaux de cuir et leurs blouses de fil de lin. Ce qui fait notre supériorité sur eux.

Jean BURNAT, *Histoire des Romains*, Éd. de Paris, 1957.

1. *Quels défauts la louve trouve-t-elle aux « petits d'homme » ? Quelles qualités leur reconnaît-t-elle ?*

2. *Qu'est-ce qu'un onagre (ligne 11) ?*

3. *D'où vient l'humour de ce texte ? Sur quel ton Mamma Lupa parle-t-elle ?*

4. *Vous avez lu précédemment l'histoire d'un dieu élevé aussi par un animal. De qui s'agit-il ?*

1. *Observez l'illustration. Comment la fragilité de l'enfant est-elle mise en valeur ? En quoi l'atmosphère de la scène est-elle inquiétante ?*

2. *Cherchez en quoi consiste l'histoire de Mowgli et trouvez les points communs avec la légende de Romulus et Rémus.*

André Collot (mort en 1976), Mowgli recueilli par les loups, illustration du Livre de la jungle (1937) de Rudyard Kipling (Paris, Bibliothèque nationale).

La naissance de Moïse

La Bible contient également des récits d'enfants abandonnés...

Un homme de la maison de Lévi s'en alla prendre pour femme une fille de Lévi. Celle-ci conçut et enfanta un fils. Voyant combien il était beau, elle le dissimula pendant trois mois. Ne pouvant le dissimuler plus longtemps, elle prit pour lui une corbeille de papyrus qu'elle enduisit de bitume et de poix, y plaça l'enfant et le déposa dans les roseaux sur la rive du Fleuve. La sœur de l'enfant se posta à distance pour voir ce qu'il lui adviendrait.

La découverte de Moïse, lithographie (vers 1850) (Berlin, coll.Archiv f.Kunst & Geschichte).

Or la fille du Pharaon descendit au Fleuve pour s'y baigner, tandis que ses servantes se promenaient sur la rive du Fleuve. Elle aperçut la corbeille parmi les roseaux et envoya sa servante la prendre. Elle l'ouvrit et vit l'enfant : c'était un garçon qui pleurait. Touchée de compassion pour lui, elle dit : « C'est un des petits Hébreux. » La sœur de l'enfant dit alors à la fille de Pharaon : « Veux-tu que j'aille te chercher, parmi les femmes des Hébreux, une nourrice qui te nourrira cet enfant ? – Va », lui répondit la fille de Pharaon. La jeune fille alla donc chercher le mère de l'enfant. La fille de Pharaon lui dit : « Emmène cet enfant et nourris-le moi, je te donnerai moi-même ton salaire. » Alors la femme emporta l'enfant et le nourrit. Quand l'enfant eut grandi, elle le ramena à la fille de Pharaon qui le traita comme un fils et lui donna le nom de Moïse[1], car, disait-elle, « je l'ai tiré des eaux. »

La Bible, Livre de l'Exode, II, 1-6,
trad. École biblique de Jérusalem, Éd. du Cerf.

1. Le verbe hébreu de même racine que ce nom signifie « tirer ».

1. *Dans quel pays et à quelle époque cette histoire se déroule-t-elle ?*

2. *Quels sont les points communs avec la légende de Romulus et Rémus ?*

3. *Quelles différences essentielles existe-t-il cependant ?*

4. *En quoi l'image vous paraît-elle fidèle au texte ?*
Comment l'Orient est-il évoqué par cet illustrateur du XIXe siècle ?

7. Romulus, Rémus : l'adolescence

Arnold Böcklin (1827-1901), *Idylle*, huile sur toile (1875) (Munich, Neue Pinakothek).

Lire l'image

Selon la tradition, Pan, dieu des bergers en Arcadie, est représenté comme un démon semblable aux Satyres (divinités de la terre à corps humain, à cornes et pieds de chèvre ou de bouc) : pieds et queue de bouc, torse velu d'homme, face barbue, cornes. Il protège les troupeaux, préside les danses des Nymphes, mais terrorise souvent celles-ci en leur apparaissant brusquement (d'où le mot « panique »).

1. *Sous quel aspect le dieu apparaît-il ici ?*

2. *À quels détails reconnaît-on le monde grec dans le décor ?*

Les Lupercales

Romulus et Rémus ont été recueillis par un berger et ont grandi. Un jour, ils assistent à la fête des Lupercales célébrée en l'honneur de Faunus-Lupercus, souvent assimilé au dieu Pan. Lupercus (Luperque en français), qui signifie « prêtre-loup », est le dieu de la fécondité, des bergers et des troupeaux. La fête donnée en son honneur se déroulait dans la grotte du Lupercal, sur le mont Palatin, là où Romulus et Rémus avaient été allaités par la louve *(➨ p. 54)**.*

Par cette belle matinée du quinze février, au ciel bleu et à l'air déjà tiède, Romulus et Rémus, vêtus de peaux de chèvre, s'acheminèrent vers le mont Palatin, afin d'entrer dans la caverne où se réunissaient les prêtres pour le sacrifice.

Il s'y trouvait déjà une grande foule de jeunes gens venus de tous côtés pour fêter le dieu Pan. Mais chacun fit place aux deux gaillards, et les frères se trouvèrent au premier rang, tout près de l'autel du dieu Pan.

Là se trouvaient le mâtin[1] et le bouc, prêts pour le sacrifice.

Les prêtres les saisirent, les égorgèrent, les dépecèrent ; le cuir du bouc et du mâtin leur servit à faire d'innombrables lanières qu'ils distribuèrent aux plus jeunes prêtres et aux jeunes gens les plus forts. Et chacun, à peine muni de la sienne, se précipitait dehors en l'agitant à droite et à gauche, frappant tous ceux qu'il rencontrait sur son chemin. Et les gens ne prenaient pas la fuite devant les coups de fouet, ils souhaitaient au contraire être touchés par la peau sanguinolente qui portait bonheur, car celui que la lanière fouettait aurait cette année-là une bonne récolte et abondance de bétail ; abondance dans la maison et au-dehors, prospérité dans la famille et dans les affaires.

Laura ORVIETO, *Contes et Légendes de la naissance de Rome*, Nathan, 1962 (coll. « Pocket Junior », 1994).

Léon Bakst (1866-1924), Nijinski dans *L'Après-Midi d'un faune* de Claude Debussy, couverture du programme de la septième saison des Ballets russes (1912), lithographie (Paris, bibliothèque des Arts décoratifs).

1. *Mâtin* : gros chien.

Lire le texte

1. *Pourquoi les gens souhaitent-ils être frappés par les lanières de bouc ou de chien ?*
2. *En quoi consiste le sacrifice ? Quel aspect cruel présente-t-il ?*
3. *Quelle différence remarquez-vous entre le ton des premières lignes et celui du dernier paragraphe ?*
4. *À quel type le texte appartient-il : descriptif ? narratif ?*

Romulus et les brigands

Rémus et Romulus, abandonnés, survivent grâce à une louve qui vient les allaiter (➡ p. 54). Un berger, Faustulus, les recueille ; ils grandissent parmi les bergers, mais un danger les guette...

Iis insidiati sunt latrones, a quibus Remus captus est ; Romulus autem vi se **defendit**. Tunc Faustulus necessitate compulsus **indicavit** Romulo quis esset ejus avus, quae mater. Romulus statim, armatis pastoribus, Albam **properavit**.

Interea Remum latrones ad Amulium regem **perduxerunt**, eum accusantes, quasi Numitoris greges infestare solitus esset ; Remus itaque a rege Numitore ad supplicium traditus est : at Numitor, considerato adolescentis vultu, haud procul erat quin nepotem agnosceret. Nam Remus oris lineamentis erat matri simillimus, aetasque tempori expositionis congruebat. Dum ea res animum Numitoris anxium teneret, repente Romulus **supervenit**, fratrem **liberavit**, et Amulio interfecto, avum Numitorem in regnum **restituit**. Deinde Romulus et Remus urbem in iisdem locis ubi expositi educatique fuerant **condiderunt**.

Abbé C.-F. Lhomond (grammairien du XVIIIe siècle), *De viris illustribus*, trad. J. Gaillard, Actes Sud, coll. « Babel », 1995.

Des brigands leur tendirent une embuscade[1], et firent prisonnier Rémus ; Romulus, lui, se défendit énergiquement. Alors, poussé par la nécessité, Faustulus révéla à Romulus qui était son grand-père et qui était sa mère. Aussitôt, Romulus arma les bergers et marcha sans tarder contre Albe.

Pendant ce temps, les brigands amenèrent Rémus devant Amulius, en prétendant, pour l'accuser, qu'il avait l'habitude d'attaquer les troupeaux de Numitor. C'est pourquoi Rémus fut livré au supplice par le roi Numitor ; mais celui-ci, après avoir bien considéré le visage du jeune homme, n'était pas loin de reconnaître son petit-fils. Rémus, en effet, ressemblait trait pour trait à sa mère, et son âge coïncidait avec l'époque où il avait été abandonné. Tandis que ces détails travaillaient l'esprit de Numitor, Romulus survint soudainement, libéra son frère et, après avoir tué Amulius, rétablit son grand-père Numitor sur le trône. Ensuite, Romulus et Rémus fondèrent une ville en ces mêmes lieux où ils avaient été abandonnés et élevés.

1. Au cours de la fête des Lupercales.

Lire le texte

1. *Lisez la traduction française du texte : quel est le temps le plus souvent utilisé ?*

2. a. *Quels points communs y a-t-il entre les verbes suivants ?*
indicavit (indico, as, are) : **il révéla** - properavit (propero, as, are) : **il se hâta**
liberavit (libero, as, are) : **il libéra**
b. *À quelle conjugaison appartient ce verbe ?*
Romulus se defendit (defendo, is, ere) : **Romulus se défendit.**
c. *Quelle particularité présente le verbe suivant ?*
condiderunt (condo, is, ere) : **ils fondèrent**

Grammaire

Les temps du récit en français

- Le temps du récit le plus fréquemment employé dans les textes historiques et littéraires est le **passé simple** ; il marque une action précise et achevée dans le passé : *Il donna.*
- Le **passé composé** marque une action achevée au moment où l'on parle : *J'ai fini de manger.*

Le parfait en latin

Un seul temps latin traduit à la fois le passé simple et le passé composé français. Ce temps est appelé le **parfait** et figure dans la présentation des verbes donnée dans le dictionnaire : **duco, is, ere, duxi** (forme du parfait) : *conduire.*

Les désinences du parfait

personnes	désinences
je	-i
tu	-isti
il/elle	-it
nous	-imus
vous	-istis
ils/elles	-erunt

La conjugaison du parfait

1re conjugaison	2e conjugaison	3e conjugaison	4e conjugaison
amavi j'ai aimé, j'aimai	habui j'ai eu, j'eus	dixi j'ai dit, je dis	audivi j'ai entendu, j'entendis
amavisti	habuisti	dixisti	audivisti
amavit	habuit	dixit	audivit
amavimus	habuimus	diximus	audivimus
amavistis	habuistis	dixistis	audivistis
amaverunt	habuerunt	dixerunt	audiverunt

conjugaison mixte	esse : être	posse : pouvoir
cepi j'ai pris, je pris	fui j'ai été, je fus	potui j'ai pu, je pus
cepisti	fuisti	potuisti
cepit	fuit	potuit
cepimus	fuimus	potuimus
cepistis	fuistis	potuistis
ceperunt	fuerunt	potuerunt

Exercices

Vocabulaire

Noms

animus, i, m : esprit, courage
avus, i, m : aïeul, grand-père

Verbes

condo, is, ere, didi : fonder
defendo, is, ere, fendi : défendre
duco, is, ere, duxi : conduire, mener
indico, as, are, avi : indiquer
libero, as, are, avi : libérer
propero, as, are, avi : se hâter
supervenio, is, ire, veni : survenir

Mots invariables

autem : or
deinde : ensuite
inter + accusatif : entre, parmi
itaque : c'est pourquoi
nam : car
repente : soudain
statim : aussitôt
tunc : alors

Appliquer

Exercice 1 : s'exercer à la conjugaison

Voici les verbes que vous avez appris dans les chapitres précédents, suivis de leur radical du parfait. Conjuguez-les au parfait, puis retenez-les.

mittere : **envoyer** (mis-) - relinquere : **laisser** (reliqu-) - vincere : **vaincre** (vic-) - ducere : **conduire** (dux-) - vivere : **vivre** (vix-) - legere : **lire** (leg-) - condere : **fonder** (condid-) - defendere : **défendre** (defend-).

Exercice 2 : du présent au parfait

Transposez ces formes verbales au parfait.
Ex. : times → timuisti
es - das - habes - legis - audis - potest - vocat - timet - scribit - venit - sumus - videmus - sentimus - amamus - potestis - regnatis.

Exercice 3 : du parfait au présent

Transposez ces formes verbales au présent.
Ex. : fuerunt → sunt
defendisti - dixisti - laboravisti - fuit - potuit - reliquit - vocavimus - crevimus - venimus - fuistis - habuistis - audivistis - potuerunt - indicavi - supervenisti - properavit.

Exercice 4 : trouver la désinence

Complétez les verbes au parfait avec la désinence qui convient. Puis traduisez.

1. Aquae Romulum et Remum in terris reliqu... .
2. Poeta fabulam scrips... .
3. Agricola servusque deos timu... .
4. Puella poetae filium amav... .
5. Romulus se defend... .

Exercice 5 : version

Traduisez en français les phrases suivantes. Puis transposez-les au présent.

1. Romulus Remum liberavit.
2. Filius avo epistulam scripsit.
3. Ubi vixerunt Romulus et Remus ?
4. Servus in silva lupum vidit, itaque timuit.
5. In horto agricola laboravit.
6. In hortum agricola properavit.

Exercice 6 : thème

Traduisez en latin les phrases suivantes.

1. Nous n'avons pas pu lire. 2. Le paysan vit une louve dans la plaine. 3. Nous avons défendu notre patrie. 4. Le maître conduisit alors son cheval vers la forêt.

Exercice 7 : lire en latin

Traduisez ce résumé du texte ➠ *p. 62.*

Faustulus pastor Romulum Remumque vidit. Eos (les) in casam duxit et conjugi dedit. Cum (quand) adulti fuerunt, Faustulus eis (leur) indicavit quis esset eorum mater (qui était leur mère). Romulus et Remus statim Amulium interfecerunt (tuèrent) et Numitorem in regnum restituerunt.

Jouer avec la langue

Exercice 8 : retrouver l'origine des mots

Voici un article de presse. Recherchez de quels mots latins sont issus les mots soulignés.

Un cambrioleur a été surpris dans une villa de la banlieue romaine. Le malfaiteur était en train de dérober des tableaux de grande valeur, quand il fut surpris par un domestique, exceptionnellement de service ce jour-là. La police vint rapidement sur les lieux. Le voleur n'eut pas le temps de décamper et ne put nier l'évidence.

Cependant, il fut libéré rapidement : des experts découvrirent que les tableaux volés étaient des faux. C'est donc grâce à leurs indications et à ce cambriolage manqué que la police put localiser et arrêter un célèbre faussaire recherché de longue date : le propriétaire de la villa !

Exercice 9 : LE LATIN & LE GREC

Le latin duco *et le grec* agô/êgô *signifient tous deux* je conduis, je mène.

1. *À partir du radical latin* duc- *:*

a. *Trouvez à quoi servent :*
un aqueduc - un oléoduc - un viaduc.

b. *Donnez des définitions aux mots suivants en utilisant le verbe* mener *ou* conduire.
Ex. : un éducateur **mène** à bien l'action d'élever des enfants.

conducteur - adducteur - séducteur - duc - réduction.

c. *Cherchez quel rapport existe entre cette racine et les mots* andouille *et* douillet.

2. *À partir du radical grec* ag-/eg-, *complétez les phrases suivantes avec le mot juste.*

1. L'esclave qui conduisait les enfants à l'école et les faisait travailler ensuite s'appelle un … .
2. La … est le lieu de culte des juifs.
3. Certains jeux demandent une fine … pour battre l'adversaire.

Exercice 10 : récréation

1. *Voici un mot de douze lettres dans le désordre. Quel est ce mot ?*

B R I V A L E T R U N E

2. *Trouvez, avec ces lettres, le plus possible de mots de deux, puis trois lettres, etc.*

Ex. : in - via…

Le linguiste en herbe

Veni, vidi, vici.

Je suis venu, j'ai vu, j'ai vaincu.

C'est par cette formule très courte que César (101-44 av. J.-C.) annonça un jour au Sénat qu'il venait de remporter une victoire militaire après de très brefs combats. Cette expression est passée dans la langue française pour évoquer des succès obtenus très rapidement.

Prolongements

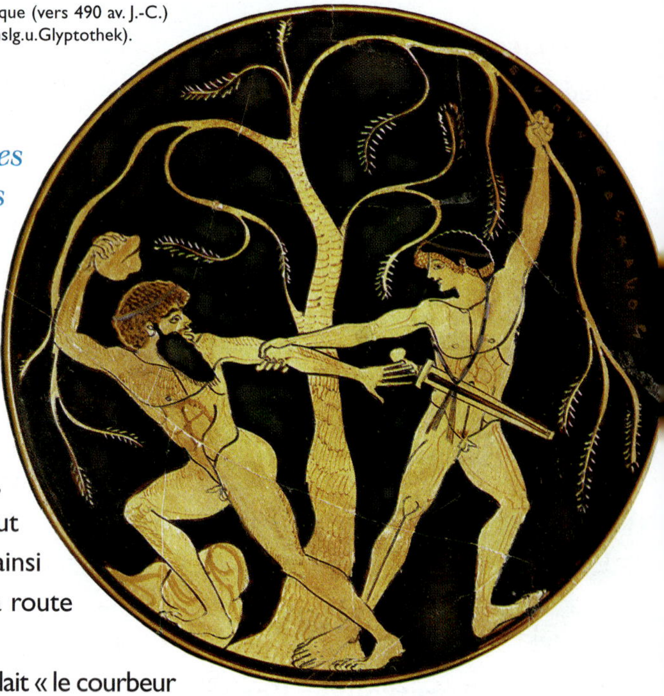

Thésée tuant le géant Sinis, décor à figures rouges, céramique grecque (vers 490 av. J.-C.) (Munich, Staatl.Antikenslg.u.Glyptothek).

Histoires de brigands

Dans les temps antiques, les routes étaient infestées de brigands et les auberges n'étaient pas sûres. Cela explique pourquoi nombre de bandits cruels figurent dans les récits légendaires. Voici ceux dont le héros grec Thésée délivra la Grèce.

Près d'Épidaure, Thésée rencontra Périphètès, un brigand qui, avec une massue, tuait les gens qui passaient. Thésée, bien que tout jeune, tua le brigand avec sa propre massue et ainsi en débarrassa le monde. Ensuite il continua sa route vers Athènes.

Il rencontra aussi le brigand Sinis que l'on appelait « le courbeur de pins » parce qu'il attachait les passants aux sommets de deux arbres, puis relâchait ces arbres et ainsi les hommes étaient tués. Thésée l'attaqua et le tua de la même manière.

Un peu plus tard, il extermina Sciron, qui guettait les passants dans les rochers et les obligeait à lui laver les pieds. Mais à peine se penchaient-ils qu'il les jetait d'un coup de pied à la mer, où les engloutissait une énorme tortue. Thésée lui fit subir le même sort.

Le lit de Procuste

Procuste était un brigand légendaire. Il s'en prenait aux voyageurs, qu'il forçait à s'étendre sur un lit. Mais voilà : il coupait les membres de ceux qui dépassaient le lit, et étirait ceux qui étaient trop petits. Jusqu'au jour où le héros Thésée, en se rendant à Athènes, tua Procuste, après lui avoir fait subir le même supplice. L'histoire ne précise pas si Procuste était trop grand ou trop petit…

Catherine EUGÈNE, *La Flèche du Parthe*, Hatier, 1988.

1. *Qu'ont en commun ces brigands exterminés par Thésée ?*
2. *Lequel est le plus brutal et le moins intelligent ?*
3. *Quels sont les plus cruels ?*
4. *Lequel cherche d'abord à humilier ses victimes ?*
5. *Par quels termes est soulignée la bravoure de Thésée ?*

Illustration de Philippe Corentin dans *La Flèche du Parthe*, de Catherine Eugène, Hatier, 1988.

Un brigand valeureux

Apulée, romancier latin, raconte l'attaque de la maison d'un riche banquier nommé Chryséros (en grec : « cousu d'or »). C'est l'un des voleurs qui parle ici...

Nous voilà donc, dès la tombée de la nuit, aux aguets devant la porte.

Lamachus, notre noble chef, introduisit peu à peu la main dans l'ouverture qui livrait passage à la clé, en s'efforçant de faire sauter la serrure. Mais ce Chryséros, le plus méchant de tous les bipèdes, veillait sans doute depuis un certain temps et suivait chacun de nos mouvements. À pas de loup et gardant le silence le plus complet, il s'approche doucement et, soudain, d'un grand coup, il fixe avec un énorme clou la main de notre chef sur le plat de la porte. Puis il monte sur le toit de sa cabane et, à grands cris, donne l'alarme à ses voisins. Alors, avec l'accord de notre chef, nous tranchons net la partie du corps qui relie la main à l'humérus ; puis, laissant là l'avant-bras, nous emportons en toute hâte ce qui reste de Lamachus. Mais, ne pouvant suivre assez vite, cet homme à l'âme sublime et à la vaillance sans égale, avec la main qui lui restait, saisit son épée et, d'un coup vigoureux, se l'enfonça en pleine poitrine. Alors, après avoir rendu hommage à notre noble chef, nous avons soigneusement roulé ce qui nous restait de son corps dans un linceul et nous l'avons confié à la mer.

D'après APULÉE (env. 125-170), *Les Métamorphoses*, livres X et XI, trad. des auteurs.

Les pirates transformés en dauphins par Dionysos, mosaïque romaine provenant de la maison d'Ulysse à Dougga, en Tunisie (vers 250) (Tunis, musée du Bardo).

1. *Qui est le narrateur ? Pourquoi déteste-t-il Chryséros ?*

2. *Par quels termes le narrateur décrit-il son chef comme un héros ?*

8. Romulus, premier roi de Rome

Rome, le Latium : Largo Argentina, vestiges de temple et colonnes.

Le site de Rome.

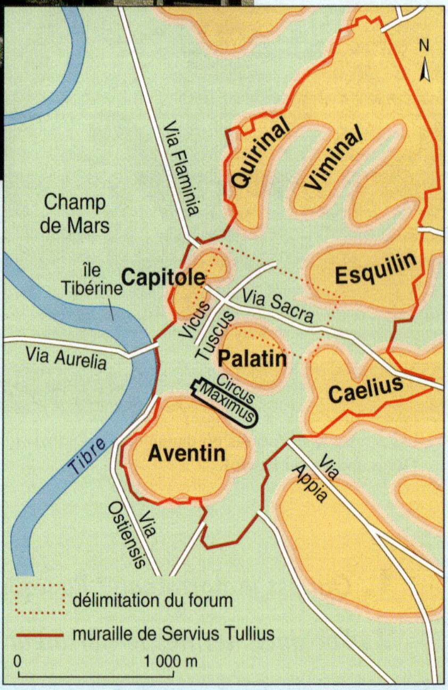

Lire les images

1. *En quoi la photographie ci-dessus représente-t-elle bien la ville de Rome ?*

2. *Repérez sur le plan où est placé Romulus dans le texte de la page ci-contre. Où se trouve Rémus ?*

3. *En quoi peut-on dire que le site de Rome est particulièrement bien choisi ?*

Observation des présages

Dans les Annales, le poète Ennius raconte l'histoire de Rome : Rémus et Romulus veulent fonder une ville. Puisqu'ils sont jumeaux, chacun d'eux peut prétendre lui donner son nom : ils s'en remettent alors aux signes du ciel...

Soucieux d'un grand soin dans leur désir du trône,
Romulus et Rémus s'en remettent à la fois au présage[1] du ciel et à l'augure[2].
Rémus se soumet à l'auspice et guette ensuite, seul,
Le présage des oiseaux. Le beau Romulus interroge,
Du haut de l'Aventin[3], et guette le genre ailé.
S'ils rivalisent, c'est pour que la ville s'appelle
Rome ou Rémora.
L'inquiétude de tous est de connaître le maître.
Chacun, quand le consul va donner le départ,
Regarde avidement vers les portes peintes fermées
Où les chars de course bientôt vont surgir,
De même, un peuple attend et se tient coi[4]
Pour la victoire du plus grand et sa prise du règne.
La lune rentre à présent dans l'antre de la nuit.
Une lumière blanche à l'horizon donne ses rayons
Et en même temps, là-haut, un magnifique oiseau,
Rapide, vole vers la gauche. Émerge alors le soleil
d'or,
Et trois fois quatre oiseaux sacrés tombent du ciel,
Rapides, se posent en de nobles endroits.
Romulus comprend qu'il a eu l'avantage,
L'auspice lui a donné le trône et le règne.

D'après ENNIUS (239-169 av. J.-C.), « Romulus et Rémus », dans *L'Antiquité en poésie*, Gallimard, coll. « Folio junior », trad. A. Coelho, 1982.

Gérard Fromanger (né en 1939), *Ciel*, série « Allegro », huile sur toile (1982) (collection privée).

1. *Présage* : signe d'après lequel on prévoit l'avenir. 2. *Augure* : prêtre chargé d'observer certains signes pour en tirer des présages. 3. Rémus, lui, se trouve sur le Palatin. 4. *Se tient coi* : reste tranquille et silencieux.

Lire le texte

1. *À quel moment de la journée se situe cet extrait ?*

2. *Sachant que le mot* auspice *vient de* avis : l'oiseau *et de* spicere : examiner, *que signifie exactement* prendre les auspices *? Que font précisément Romulus et Rémus dans le texte ?*

3. *Quels détails montrent que le moment est important pour les deux hommes et pour le peuple entier ?*

4. *À quoi voit-on que le poète favorise Romulus ?*

Lire en latin

Querelle entre les deux frères

Voici un récit de la querelle qui éclata entre Rémus et Romulus au sujet du nom à donner à leur ville ; récit bref mais tragique.

Orta est inter eos contentio uter nomen novae urbi daret, eamque regeret ; adhibuere[1] **auspicia**. Remus prior sex vultures, Romulus postea, sed duodecim, vidit. Sic Romulus **augurio** victor Romam vocavit ; et ut eam prius legibus quam moenibus muniret, edixit ne quis **vallum** transiliret. Quod Remus ridens transilivit ; eum iratus Romulus interfecit, his increpans **verbis** : « Sic deinceps malo afficiatur quicumque transiliet moenia mea. » Ita solus potitus est **imperio** Romulus.

Abbé C.-F. Lhomond (grammairien du XVIIIe siècle), *De viris illustribus*, trad. J. Gaillard, Actes Sud, coll. « Babel », 1995.

1. Adhibuere = adhibuerunt.

Lire le texte

1. *Le texte suivant est la traduction du texte latin ci-desssus, mais dans le désordre. Rétablissez l'ordre de la traduction.*

a. Ainsi, Romulus, désigné comme vainqueur par l'augure, donna à la ville le nom de Rome,
b. Or Rémus, en riant, franchit d'un bond ce fossé. Pris de colère, Romulus le tua en l'accablant de ces mots :
c. Rémus, le premier, vit six vautours ; Romulus n'en vit qu'en second, mais douze.
d. C'est ainsi que Romulus se rendit seul maître du pouvoir.
e. Une dispute éclata entre eux pour savoir lequel des deux donnerait son nom à la ville et en serait roi ; ils prirent les auspices.
f. Et, pour la protéger par des lois avant de le faire par des remparts, décréta l'interdiction, pour quiconque, de franchir son fossé.
g. « Qu'ainsi, désormais, soit châtié quiconque franchira mes murailles ! »

2. *Quel est le cas des mots soulignés ?*
Romulus augurio victor : Romulus vainqueur par l'augure
ne quis vallum transiliret : pour que personne ne franchisse le fossé
adhibuerunt auspicia : ils prirent les auspices.

3. *À quelle déclinaison vous font penser ces mots ?*

4. *Quelle différence voyez-vous avec les mots de la deuxième déclinaison que vous avez appris ?*

Grammaire

Le neutre de la 2e déclinaison : verbum, -i, n

La deuxième déclinaison comprend surtout des noms masculins (**dominus** ➠ p. 55) et des noms neutres. Les noms neutres sont très fréquents.
Remarquez que les désinences du nominatif, du vocatif et de l'accusatif (en bleu dans le tableau) sont identiques au singulier et au pluriel.

verbum, -i, n : le mot		
cas	**singulier**	**pluriel**
nominatif	verbum	verba
vocatif	verbum	verba
accusatif	verbum	verba
génitif	verbi	verborum
datif	verbo	verbis
ablatif	verbo	verbis

Bellum gesserunt.

Au neutre, l'adjectif qualificatif se décline généralement comme **verbum** :
clarum verbum : *une parole célèbre* - **clara verba** : *des paroles célèbres.*

L'accord de l'adjectif qualificatif

L'adjectif s'accorde en genre et en nombre avec le nom. ➠ p. 97

singulier		
masculin	**féminin**	**neutre**
bonus dominus	vita rustica	clarum verbum
bone domine	vita rustica	clarum verbum
bonum dominum	vitam rusticam	clarum verbum
boni domini	vitae rusticae	clari verbi
bono domino	vitae rusticae	claro verbo
bono domino	vita rustica	claro verbo
pluriel		
boni domini	vitae rusticae	clara verba
boni domini	vitae rusticae	clara verba
bonos dominos	vitas rusticas	clara verba
bonorum dominorum	vitarum rusticarum	clarorum verborum
bonis dominis	vitis rusticis	claris verbis
bonis dominis	vitis rusticis	claris verbis

Exercices

Vocabulaire

Noms

bellum, i, n : guerre
forum, i, n : place publique, forum
imperium, ii, n : commandement
incendium, ii, n : incendie
oppidum, i, n : place forte
periculum, i, n : danger
templum, i, n : temple
vallum, i, n : fossé, palissade
verbum, i, n : verbe, parole, mot

Verbes

bellum gerere : faire la guerre
gero, is, ere, gessi : faire, porter
interficio, is, ere, feci : tuer
rideo, is, ere, risi : rire

Mots invariables

duodecim : douze
ita = sic : ainsi, de la sorte
postea : ensuite
sex : six

Appliquer

Exercice 1 : manipuler les cas

Cherchez le sens de ces phrases, puis complétez-les avec les bonnes terminaisons.

1. Verb... domini audio. 2. In templ... statuam video. 3. Imperi... domini timeo. 4. In for... avus est. 5. Templ... in foro sunt. 6. Bell... gerere non amamus.

Exercice 2 : thème

Analysez puis traduisez en latin.

1. Nous voyons les statues des dieux. 2. La jeune fille est en danger. 3. Le poète a écrit douze lettres. 4. Où est l'incendie ? 5. Vous êtes sur le forum. 6. Qui (en latin : quis) peut aimer la guerre ? 7. Nous sommes dans la place forte. 8. Nous avons vu six temples. 9. Romulus a tué Rémus.

Exercice 3 : réviser les déclinaisons

Recopiez et complétez le tableau ci-dessous.

Exercice 4 : relire le texte

Les onze mots suivants ont été supprimés du texte *➡ p. 70.* *Replacez-les en recopiant le texte.*

vallum - solus - auspicia - imperio - sex - verbis - interfecit - duodecim - ridens - moenia - victor.

Adhibuere ... . Remus prior ... vultures, Romulus postea, sed ..., vidit. Sic Romulus augurio ... . Romam vocavit ; et ut eam prius legibus quam moenibus muniret, edixit ne quis ... transiliret. Quod Remus ... transilivit ; eum iratus Romulus ..., his increpans ... : « Sic deinceps malo afficiatur quicumque transiliet ... mea. » Ita ... potitus est ... Romulus.

Cas	singulier			pluriel		
nominatif	...	...	...	...	ripae	...
vocatif	amice	...	...	...	...	templa
accusatif	...	viam	...	...	...	...
génitif	...	...	valli	...	...	...
datif	...	...	...	servis	...	...
ablatif	...	...	...	...	...	...

Jouer avec la langue

Exercice 5 : **periculum, i, n :** danger

Les expressions suivantes sont dérivées du nom latin periculum. *Quel en est le sens ?*

1. un saut périlleux.
2. il y a péril en la demeure.
3. à tes risques et périls.
4. cette entreprise périclite.

Exercice 6 : **verbum, i, n :** mot, parole

Les mots manquants dans les phrases suivantes sont tous dérivés du nom latin verbum. *Trouvez-les.*

1. « Tel père tel fils » est un ...
2. « Avoir le ... haut » signifie « parler fort ».
3. Mettre une amende, c'est dresser un procès-...
4. « Demain » et « ici » sont des ...
5. Celui qui fait des mots croisés est un ...

Exercice 7 : LE LATIN & LE GREC

Je porte se dit gero *en latin et* phérô/phôrô *en grec.*

1. *Complétez les phrases suivantes à partir du latin* gero.

1. Cet homme a obtenu un poste de ... dans un magasin.
2. La ... d'une entreprise n'est pas toujours une tâche aisée.
3. Il faut savoir ... son budget.
4. Cet administrateur, qui s'occupe bien de sa société, est un excellent ...
5. Mon patron me dérange tout le temps : tout de même, il ne faut pas ...
6. Cet acteur manque de sobriété : il ne cesse de ... inutilement sur la scène.
7. Il faut savoir joindre le ... à la parole.

2. *De quoi les mots suivants sont-ils porteurs ?*

photophore - phosphore - métaphore - amphore - sémaphore.

3. *En latin, il existe un autre verbe qui signifie* je porte. *C'est* fero, *exact équivalent du grec* phéro/phoro. *Trouvez la définition des mots suivants en incluant le verbe* porter *dans votre définition.*

lactifère - aurifère - conifère - mammifère - somnifère.

Exercice 8 : **récréation**

Complétez les mots donnés horizontalement qui ont servi à former le mot spectaculum.

Le linguiste en herbe

Verba volant, scripta manent.

Les paroles s'envolent, les écrits restent.

Cette expression s'emploie pour recommander la prudence, lorsqu'il semble dangereux de laisser des traces écrites d'une pensée ou d'un fait.

Histoires de divination

Les Romains pensaient que les dieux les aidaient ou les punissaient dans chacune de leurs actions. Pour connaître leurs intentions, ils avaient souvent recours à la divination, c'est-à-dire à la science qui prédit l'avenir. On voit que les horoscopes ou les cartomanciennes ne sont pas nouveaux !

Les **augures** étaient des prêtres chargés d'interpréter le vol des oiseaux, favorable s'il venait de la droite, défavorable s'il venait de la gauche. (Le surnom « Augustus » donné à César vient de ce mot, qui signifie étymologiquement : « celui qui possède une force mystique supérieure, sacrée, inviolable ».) Les **haruspices** examinaient les entrailles des animaux.

Tous ces présages, ainsi que l'interprétation des rêves, influençaient beaucoup l'attitude des Romains. Voici, par exemple, une célèbre anecdote rapportée par l'auteur Valère Maxime (dans *Faits et Dits mémorables*, livre I, chap. IV). Avant d'entreprendre un combat important, un chef de guerre demandait aux augures de prendre les auspices (aves spicere : observer les oiseaux) :

« Pendant la première guerre punique, P. Claudius se disposait à livrer un combat naval et avait demandé, selon l'ancien usage, qu'on prenne les auspices. Informé que les poulets ne sortaient pas de leur cage, il les fit jeter à la mer en disant : "Puisqu'ils ne veulent pas manger, qu'ils boivent !" »

P. Claudius fut puni de ce geste sacrilège : son combat naval fut un désastre. Mais si certains croyaient fermement à ces présages, d'autres étaient déjà beaucoup plus sceptiques. C'est ainsi que Caton disait : « Deux haruspices ne peuvent se regarder sans rire. »

Procession religieuse pour le sacrifice des suovetaurillia, relief en marbre (époque romaine, vers 48 apr. J.-C.) (Paris, musée du Louvre).

1. *Comment interprétez-vous la phrase de Caton à la fin du texte ?*

2. *Quels sont les animaux représentés sur le relief ?*

3. *Il s'agit d'une procession religieuse, donc d'une scène solennelle : à quels détails le voit-on ? Comment cependant cette scène reste-t-elle vivante ?*

Caïn en train de tuer Abel, majolique italienne (XVIe siècle) (Londres, Victoria et Albert Museum).

D'autres frères ennemis

Caïn et Abel, fils d'Adam et Ève...

Il advint que Caïn présenta des produits du sol en offrande à Yahvé[1], et qu'Abel, de son côté, offrit des premiers-nés de son troupeau, et même de leur graisse. Or Yahvé agréa Abel et son offrande. Mais il n'agréa pas Caïn et son offrande, et Caïn en fut très irrité et eut le visage abattu. Yahvé dit à Caïn : « Pourquoi es-tu irrité et pourquoi ton visage est-il abattu ? Si tu es bien disposé, ne relèveras-tu pas la tête ? Mais si tu n'es pas bien disposé, le péché n'est-il pas à la porte, une bête tapie qui te convoite, pourras-tu la dominer ? » Cependant Caïn dit à son frère Abel : « Allons dehors », et, comme ils étaient en pleine campagne, Caïn se jeta sur son frère Abel et le tua.

La Bible, Genèse, 4, 2-8, trad. École biblique de Jérusalem, Éd. du Cerf.

1. *Yahvé* : Dieu.

Meurtre près du Nil

Osiris, fils de Geb et Nout, était le roi de la terre, un roi aimé, qui avait enseigné aux hommes l'agriculture et les arts. Mais il était jalousé par son frère Seth : celui-ci lia Osiris, le tua et jeta son cadavre dans l'eau du Nil. Les dieux furent dans l'affliction.

Claire LALOUETTE, *Dieux et Pharaons de l'Égypte ancienne*, Librio, coll. « Repères », 2004.

Étéocle et Polynice

Le roi Œdipe, coupable d'inceste involontaire, a été chassé du trône. Ses deux fils, Étéocle et Polynice, ont décidé de régner alternativement sur la ville de Thèbes. Mais au bout d'un an, Étéocle refuse de céder le pouvoir à son frère. Celui-ci assiège alors la ville. Étéocle discute avec son frère et, ne pouvant obtenir une possibilité d'entente, proclame sa décision de se battre seul en duel contre son frère afin d'épargner des vies. Il blesse mortellement Polynice mais, au moment où il se penche sur lui pour le dépouiller, en reçoit à son tour un coup mortel.

D'après EURIPIDE, *Les Phéniciennes* (vers 400 av. J.-C).

1. *Dans quels pays et à quelle époque se situent ces trois actes criminels ? Quels sont les mobiles des crimes ? Analysez les sentiments, parfois complexes, des personnages.*

2. *Observez le plat ci-dessus. Identifiez les personnages, étudiez le décor et les couleurs utilisées. Comment est suggérée la violence de Caïn ? Et la faiblesse d'Abel ?*

9. Comment peupler Rome ?

En haut : David (1748-1825), *Les Sabines*, huile sur toile (1799) (Paris, musée du Louvre).
En bas : Clanet & Clapat, *Alcibiade Didascaux chez les Romains*, t. 1, éd. Athéna, 1994.

L'enlèvement des Sabines

Rome, la ville fondée par Romulus (➜ p. 69), paraît bien vide sans habitants... Mais où en trouver ?

Romulus avait fondé l'image d'une ville plutôt qu'une ville véritable : il lui manquait des habitants. Il y avait, à proximité, un bois sacré : il en fit un asile. Là vint aussitôt se réfugier une multitude de brigands et de bergers. Mais comme ni Romulus, ni son peuple n'avaient d'épouses, le roi envoya des légats chez les peuples voisins[1], pour qu'ils leur demandent une alliance et des mariages réciproques. Nulle part l'ambassade ne fut écoutée avec bienveillance. On ajoutait même pour se moquer : « Pourquoi n'avez-vous pas ouvert votre asile aux femmes aussi ? Cela vous ferait des mariages bien assortis ! » Romulus, dissimulant sa rancœur, fait préparer des jeux, et ordonne qu'on annonce ce spectacle aux voisins. Poussés par le désir de voir la ville nouvelle, ils vinrent en foule, surtout les Sabins, avec leurs enfants et leurs femmes. Lorsque vint le moment du spectacle, et que l'attention comme les regards étaient tournés vers lui, au signal donné, les jeunes filles furent enlevées : et aussitôt ce fut une cause de guerre.

D'après Abbé C.-F. LHOMOND (grammairien du XVIIIe siècle), *De viris illustribus*,
trad. J. Gaillard, Actes Sud, coll. « Babel », 1995.

1. *Les peuples voisins :* les Sabins et les Albains.

Lire les images

Un tableau et sa parodie

1. *Pour analyser un tableau, on étudie son auteur (époque à laquelle il a vécu, influences possibles), le sujet traité, l'impression générale, puis l'organisation géométrique avec les différents plans, les couleurs, l'orientation de la lumière.*
Examinez les personnages du tableau ci-contre : qu'ont-ils d'antique ? Quels sont les habits, les armes utilisés ? Quels sont les éléments modernes du décor ?

2. *La vignette de bande dessinée reproduit exactement, mais avec humour, le tableau de David : elle en est la parodie.*
Relevez les éléments humoristiques ajoutés par le dessinateur.
Observez également les jeux de mots ajoutés par l'auteur.

Lire le texte

1. *Un légat (ligne 4) est l'équivalent d'un ambassadeur. Que demandent précisément les légats ici ? Pourquoi ne les écoute-t-on pas ?*

2. *Romulus éprouve de la rancœur (ligne 8). Cherchez la définition de ce mot. Pourquoi Romulus est-il habité par ce sentiment ? Pourquoi le dissimule-t-il ?*

3. *Quelle conséquence a l'enlèvement des Sabines ?*

Lire en latin

La ruse inventée par Romulus

Lisez le texte latin, phrase après phrase, et cherchez la traduction française des mots en caractères gras.

Crescebat interim urbs [...], sed penuria mulierum hominis aetatem duratura magnitudo **erat**.

[...] Romulus, aegritudinem animi dissimulans, ludos ex industria **parat** Neptuno equestri sollemnis ; Consualia **vocat**. Indici deinde finitimis spectaculum jubet ; quantoque apparatu tum **sciebant** aut **poterant concelebrant**. [...]

Ubi spectaculi tempus venit deditaeque eo mentes cum oculis **erant**, tum ex composito orta vis signoque dato juventus Romana ad rapiendas virgines **discurrit**.

TITE-LIVE (59 av. J.-C.-17-apr. J.-C.),
Histoire romaine, livre I, 8-9,
trad. des auteurs.

Pendant ce temps, la ville grandissait [...] mais, à cause du manque de femmes, sa grandeur était limitée à une seule génération.

[...] Romulus, dissimulant la rancœur de son âme, imagine de préparer des jeux solennels en l'honneur de Neptune équestre ; il les appelle Consualia. Il invite ensuite les voisins au spectacle, et on accomplit la célébration avec autant de somptuosité qu'on savait ou pouvait le faire. [...]

Quand vint le moment du spectacle, et que l'attention comme les regards étaient tournés vers les jeux, l'attaque prévue se produisit : au signal donné, la jeunesse romaine s'élance de tous côtés pour enlever les jeunes filles.

Lire le texte

1. *Quels sont les trois temps utilisés dans les expressions suivantes ? Quelle en est la valeur ?*
urbs crescebat : la ville grandissait
ubi spectaculi tempus venit : quand vint le moment du spectacle
juventus discurrit : la jeunesse s'élance

2. *Quel est le suffixe commun à ces deux verbes ?*
crescebat : grandissait
sciebant : savaient

3. *À la lumière de ce que vous avez vu dans la question précédente, trouvez comment on forme l'imparfait de* video, es, ere, vidi : voir *et de* amo, as, are, avi : aimer.

4. *À partir des trois exemples suivants, trouvez l'imparfait complet de* esse *et de* posse.
erat : elle était
erant : ils étaient
poterant : ils pouvaient

Les temps du récit en français

Dans un récit, on emploie souvent :
- l'**imparfait** pour décrire ou exprimer une répétition dans le passé : *La ville* ***grandissait***.
- le **passé simple** pour raconter des actions précises et achevées : *L'heure du spectacle* ***arriva***.
- le **présent** dit **de narration** pour rendre l'action plus vivante : *La jeunesse romaine* ***s'élance***.

L'imparfait latin

L'imparfait latin a les mêmes valeurs qu'en français.

1re conjugaison	2e conjugaison	3e conjugaison	4e conjugaison
ama*bam* j'aimais	habe*bam* j'avais	dice*bam* je disais	audie*bam* j'entendais
ama*bas*	habe*bas*	dice*bas*	audie*bas*
ama*bat*	habe*bat*	dice*bat*	audie*bat*
ama*bamus*	habe*bamus*	dice*bamus*	audie*bamus*
ama*batis*	habe*batis*	dice*batis*	audie*batis*
ama*bant*	habe*bant*	dice*bant*	audie*bant*

conjugaison mixte	esse : être	posse : pouvoir
capie*bam* je prenais	er*am* j'étais	poter*am* je pouvais
capie*bas*	er*as*	poter*as*
capie*bat*	er*at*	poter*at*
capie*bamus*	er*amus*	poter*amus*
capie*batis*	er*atis*	poter*atis*
capie*bant*	er*ant*	poter*ant*

L'imparfait utilise le radical du présent (en noir dans le tableau) auquel s'ajoute le suffixe **-ba-** (**-a-** pour le verbe **esse**) (en italique dans le tableau). ➡ p. 29

Crescebat urbs.

Exercices

Vocabulaire

Noms

legatus, i, m : légat, lieutenant
ludus, i, m : jeu
oculus, i, m : œil
signum, i, n : signal
spectaculum, i, n : spectacle

Verbes

jubeo, es, ere, jussi : ordonner
paro, as, are, avi : préparer
rapio, is, ere, rapui : enlever
scio, is, ire, i(v)i : savoir

Mots invariables

cum + ablatif : avec
interim : pendant ce temps
ubi + indicatif : quand, lorsque

Appliquer

Exercice 1 : s'entraîner à conjuguer

Traduisez les verbes suivants.

crescebat - sciebam - poteras - eramus - aderatis - ridebam - parabam - vincebat - condebant - rapiebant - interficiebant.

Exercice 2 : manipuler la conjugaison

Traduisez, puis transposez au présent.

1. Poeta scribebat.
2. Epistulam mittebas.
3. Equus in via erat.
4. Scribere sciebam.
5. Ubi eras ?
6. Signum dabat.
7. Puellas rapiebant.
8. Cum amicis veniebam.

Exercice 3 : retenir le texte

Traduisez de mémoire. ➠ texte p. 78

1. urbs crescebat. **2.** Romulus ludos parat. **3.** ludos Consualia vocat. **4.** ubi spectaculi tempus venit. **5.** mentes cum oculis erant. **6.** signo dato. **7.** juventus Romana discurrit.

Exercice 4 : version

Durant la lutte entre Sabins et Romains se déroule l'histoire d'une jeune romaine, Tarpéia, qui livra la citadelle de Rome aux Sabins avant d'être tuée par eux.
Complétez ce texte en mettant les verbes entre parenthèses à l'imparfait ou au parfait.

Sabini bellum adversus (contre) Romanos *(gerere)*. Ad arcem (vers la citadelle) *(venire)*, ubi repente (soudain) puellam *(videre)* : Tarpeia nomen (nom) *(esse)*. Tarpeiae pater dux (chef) Romanorum *(esse)*. Tum Titus Tatius, Sabinorum dux, *(rogare)* ut (demander que) puella exercitum (l'armée) in arcem duceret (elle conduise), et Tarpeiae optionem muneris (le choix d'une récompense) daret. Illa (celle-ci (Tarpeia)) *(rogare)* quod (ce que) Sabini in sinistris manibus (à leurs mains gauches) *(habere)* : annulos et armillas (bagues et bracelets). Deinde Sabinos in arcem *(ducere)* ; sed Tatius *(jubere)* Tarpeiam scutis obrui (qu'elle soit écrasée par les boucliers) : nam (car) Sabini etiam (aussi) scuta in sinistris manibus *(habere)*.

D'après Tite-Live (59 av. J.-C.-17 apr. J.-C.),
Histoire romaine, livre I, 11.

Jouer avec la langue

Exercice 5 : retrouver l'origine des mots

Expliquez le sens de ces expressions en vous reportant à l'origine latine des mots soulignés.

un témoin <u>oculaire</u> - une force <u>spectaculaire</u> - une activité <u>ludique</u> - les <u>préparatifs</u> d'un repas - le <u>rapt</u> d'un enfant.

Exercice 6 : cum

Retrouvez les mots formés à partir de cum.

1. Celui avec qui l'on partage le pain est un … .
2. Si l'on habite avec quelqu'un, on … avec lui.
3. Si l'on travaille avec quelqu'un, on … avec lui.
4. Celui qui travaille avec moi est mon … .

Exercice 7 : scio

Scio, is, ire, ivi : savoir *a donné le mot* science.
De nombreux mots ont été créés à partir de ce verbe et de différents préfixes.
Retrouvez-les, puis recopiez ces phrases.

1. cum : celui qui est lucide sur lui-même et sur les autres est … .
2. in + cum : celui qui agit sans vraiment savoir ce qu'il risque est … .
3. omnis, tout : celui qui sait tout est … .

Exercice 8 : LE LATIN & LE GREC

Spectaculum *en latin et* thea *en grec signifient* spectacle, vue.

1. *À partir du latin* spectaculum, *expliquez le sens des expressions suivantes.*

un beau spectacle - un spectateur attentif - une pâleur de spectre - un individu suspect - un observateur perspicace - des perspectives d'avenir - regarder quelqu'un avec respect.

2. *À partir du grec* thea, *dites comment sont formés les mot* théâtre *et* amphithéâtre.
Qu'est-ce qu'un théorème *? une* théorie *? Cherchez le rapport entre ces mots et l'idée de contempler.*

Exercice 9 : le jeu de l'intrus

Trouvez dans chaque liste le mot qui n'a pas sa place et dites pourquoi.

1. amabat - vocabat - habebat - clamabat.
2. veniebant - sciebant - faciebant - audiebant.
3. verba - templa - signa - pecunia - bella.
4. signum - oculum - forum - periculum.

Exercice 10 : récréation

Complétez la grille à l'aide des définitions suivantes et trouvez le mot caché.

Définitions

1. Il a tué son oncle et son frère.
2. Fêtes organisées par le 1.
3. Au moment où le signal l'est.
4. Organisé pour un public.
5. C'est avec lui que l'on regarde le 4.

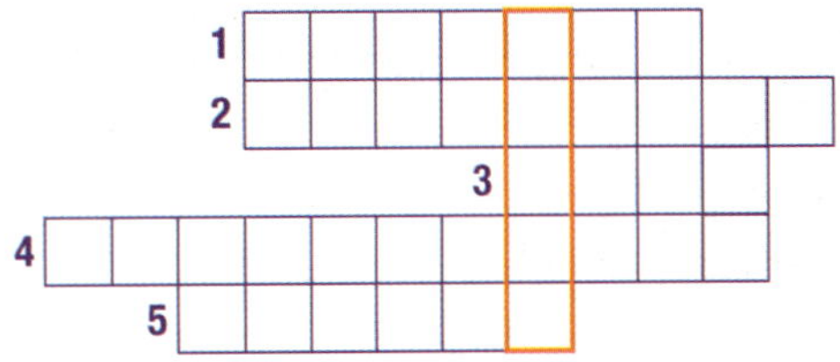

Le linguiste en herbe

Quod erat demonstrandum.

Ce qu'il fallait démontrer.

Cette phrase française est utilisée en mathématiques à la fin d'une démonstration. Elle est souvent abrégée ainsi : C.Q.F.D.

La mort de Romulus

Un jour où il avait rassemblé son armée dans la plaine près du marais de la Chèvre[1] pour la passer en revue, un très violent orage, accompagné de coups de tonnerre, éclata soudain. Le roi fut enveloppé d'un nuage si épais que l'assemblée le perdit de vue : depuis ce jour Romulus ne reparut plus sur terre. Les hommes se remirent enfin de leur frayeur lorsque, après un cataclysme si violent, le temps redevint clair et beau. Voyant que le trône du roi demeurait vide, ils crurent les patriciens[2] qui se trouvaient à côté de lui, quand ils affirmèrent que Romulus avait été emporté par l'orage, mais n'en gardaient pas moins un douloureux silence, accablés par cette perte qu'ils ressentaient comme celle d'un père. Ensuite, à l'initiative de quelques-uns, ils rendirent un hommage unanime à Romulus, dieu et fils d'un dieu, roi et père de Rome. Ils imploraient dans leurs prières sa bienveillance : puisse-t-il toujours protéger la race qui descendait de lui en étendant sur elle sa grâce et sa faveur ! Il y en eut pour prétendre tout bas dès cette époque, je crois, que les patriciens avaient massacré le roi de leurs propres mains. Cette rumeur a circulé aussi, mais de façon très discrète : l'admiration qu'on avait pour le roi et la peur qu'on ressentit sur le moment répandirent l'autre version des faits.

TITE-LIVE (59 av. J.-C.-17 apr. J.-C.), *Histoire romaine*, trad. A. Flobert, livre I, 16, Flammarion, coll. « GF », 1995.

Stèle romaine dédiée à Romulus (Rome, Musée de la civilisation romaine).

1. *Le marais de la Chèvre* est situé à Rome, sur le champ de Mars.
2. *Les patriciens :* chefs de familles riches (au nombre de cent) qui s'installèrent les premières à Rome ; ils constituaient le Sénat de Romulus.

1. *Quels éléments du récit contribuent à donner de la mort de Romulus une image extraordinaire ?*

2. *Quelle est, selon vous, la version la plus vraisemblable de la mort de Romulus ?*

3. *Observez les mots inscrits sur la stèle. Que déchiffrez-vous ?*

De la légende à l'histoire

Après l'enlèvement des Sabines (➡ p. 77), les peuples romain et sabin se fondent en un peuple unique. Quatre rois se succèdent.

754-715 Romulus, le roi fondateur de Rome en 753 av. J.-C.

715-672 Numa Pompilius, roi pacifique et pieux. Il construit le temple de Janus et fixe les fêtes religieuses dans un calendrier de douze mois.

672-640 Tullus Hostilius, roi guerrier. Il organise l'armée et détruit la ville d'Albe.

640-616 Ancus Martius, roi bâtisseur. Il établit un pont sur le Tibre et crée le port d'Ostie, favorisant l'essor du commerce.

À gauche : « Septembre », détail d'une mosaïque romaine représentant les mois de l'année provenant de la Maison des mois à Thysdrus (vers 250) (Tunisie, Sousse, Musée archéologique).
À droite : marchande de fruits et légumes, relief romain (Italie, Ostie, Musée archéologique).

Ensuite, les Étrusques envahissent la région de Rome et d'Albe. Trois rois étrusques se succèdent.

616-578 Tarquin l'Ancien, grand bâtisseur. Il commence le Capitole, le grand cirque (Circus Maximus) et les égouts.

578-534 Servius Tullius, grand administrateur. Il entoure les collines romaines d'un rempart et instaure la première constitution.

534-509 Tarquin le Superbe surnommé ainsi par le peuple qui ne l'aimait pas (du latin superbus : orgueilleux). Il achève les grands travaux sur le Capitole. Ce dernier roi est chassé de Rome, et la **République** est instaurée en 509 av. J.-C.

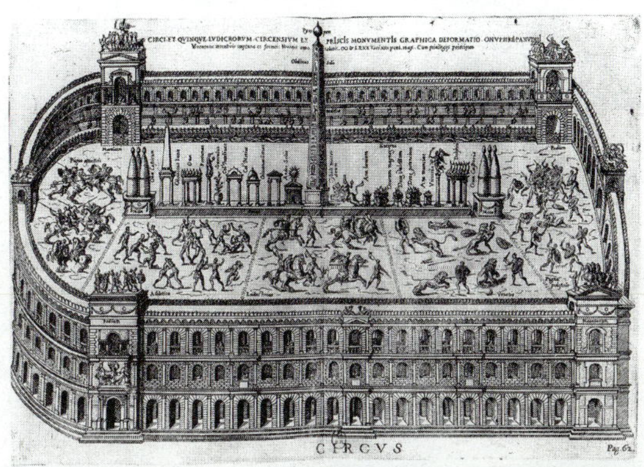

Ci-contre en haut : le cirque Maxime à Rome, école italienne, gravure (vers 1600) (Paris, Bibliothèque nationale).
Ci-contre, en bas : le Capitole romain avec le Palais nouveau à gauche, le Palais des sénateurs et le Palais des conservateurs, gravure sur cuivre colorée (vers 1750) (Berlin, coll. Archiv f. Kunst & Geschichte).

10. Les rois de Rome

Giuseppe Cesari (vers 1560-1640), *Combat des Horaces et des Curiaces*, peinture à fresque (XVIe siècle) (Rome, musée du Capitole).

Lire l'image

1. *Comment est composé ce tableau ?*
Identifiez les plans, lignes verticales, horizontales et obliques. Quels sont les éléments symétriques ? Observez ceux qui viennent déranger cette symétrie. Quel effet produisent-ils ?

2. *Comment les deux combattants survivants sont-ils mis en valeur dans cette fresque ?*

Le combat des Horaces et des Curiaces

Sous le règne de Tullus Hostilius, une guerre meurtrière éclata entre les habitants d'Albe et ceux de Rome. Pour mettre un terme à ce conflit, les chefs des deux peuples conclurent un accord : trois frères défendraient chaque camp, les Horaces pour Rome et les Curiaces pour Albe.

Dès le premier choc, le cliquetis des armes fit passer un grand frisson dans l'assistance ; tous en perdaient la voix et le souffle. Mais au cœur de la mêlée, les trois Albains furent blessés, tandis que deux Romains tombaient, mourants, l'un sur l'autre. Leur chute fit pousser des cris de joie à l'armée albaine ; les légions romaines tremblaient pour leur unique champion. Par bonheur il était indemne, trop faible, à lui seul, il est vrai, pour tous ses adversaires réunis, mais redoutable pour chacun pris à part. Afin de les combattre séparément, il prit la fuite, en se disant que chaque blessé le poursuivrait dans la mesure de ses forces.

Il était déjà à une certaine distance du champ de bataille, quand il tourna la tête et vit ses poursuivants très espacés. Le premier n'était pas loin : d'un bond, il revint sur lui : Horace avait déjà tué son adversaire et, vainqueur, marchait au second combat. Poussant des acclamations, les Romains encouragent leur champion : lui, sans donner au dernier Curiace, qui n'était pourtant pas loin, le temps d'arriver, il tue l'autre. Maintenant la lutte était égale, survivant contre survivant ; mais ils n'avaient ni le même moral, ni la même force. L'un, deux fois vainqueur, marchait fièrement à son troisième combat ; l'autre s'y traînait, épuisé. Ce ne fut pas un combat : c'est à peine si l'Albain pouvait porter ses armes ; il lui plonge son épée dans la gorge, l'abat et le dépouille.

D'après TITE-LIVE (59 av. J.-C.-17 apr. J.-C.), *Histoire romaine*, livre I, 25, trad. G. Baillet, Les Belles Lettres, 1965.

Mars ou guerrier, statue étrusque en bronze (Florence, Musée archéologique).

Lire le texte

1. *Résumez les différentes étapes du combat.*

2. *Quels détails soulignent la tension entre les deux camps ?*

3. *Quels termes montrent que Tite-Live favorise les Romains ?*

« Va-t'en avec ton amour scandaleux ! »

Après son combat contre les Curiaces, Horace entre triomphalement dans Rome.

Princeps Horatius ibat, trigemina spolia prae se gerens ; cui **soror virgo**, quae desponsa uni ex Curiatiis fuerat, obvia ante portam Capenam fuit, cognitoque super umeros **fratris** paludamento sponsi quod ipsa confecerat, solvit **crines** et flebiliter nomine sponsum mortuum appellat. Movet feroci **juveni** animum comploratio **sororis** in victoria sua tantoque gaudio publico. Stricto itaque gladio, simul verbis increpans transfigit puellam : « Abi hinc cum immaturo **amore** ad sponsum, inquit, oblita **fratrum** mortuorum vivique, oblita patriae. Sic eat quaecumque Romana lugebit **hostem**. »

Tite-Live (59 av. J.-C.-17 apr. J.-C.), *Histoire romaine*, livre I, 26, trad. des auteurs.

En tête, Horace marchait, portant devant lui les trois dépouilles. Sa sœur, une jeune fille qui avait été fiancée à l'un des Curiaces, se trouva en face de lui devant la porte Capène. En reconnaissant sur les épaules de son frère le manteau de son fiancé, qu'elle avait confectionné elle-même, elle dénoue ses cheveux et, en pleurant, invoque le nom de son fiancé mort. Le chagrin de sa sœur blesse l'âme du farouche jeune homme, au milieu de sa victoire et de la grande joie de la foule. C'est pourquoi, ayant tiré son épée, il en transperce la jeune fille tout en lui adressant ces paroles : « Va-t'en avec ton amour scandaleux ! » dit-il, « va rejoindre ton fiancé, toi qui oublies tes frères, ceux qui sont morts et celui qui est sauf, toi qui oublies ta patrie ! Qu'ainsi meure toute Romaine qui pleurera un ennemi. »

Lire le texte

1. *Quelle est la fonction des groupes de mots soulignés dans la traduction ?*
soror obvia fuit : sa sœur se trouva en face de lui
solvit crines : elle dénoue ses cheveux
comploratio sororis : le chagrin de sa sœur
cum amore : avec (ton) amour
quaecumque Romana lugebit hostem : toute Romaine qui pleurera un ennemi

2. *Quel est le cas latin correspondant ?*

3. *Observez ces génitifs.*
oblita patriae : oublieuse de ta patrie
oblita vivi : oublieuse du vivant
super umeros fratris : sur les épaules de son frère

a. *À quelle déclinaison appartiennent* patria, ae, f ? vivus, i, m ?
b. *Quelle différence constatez-vous entre ces deux génitifs et* frater, fratris, m ?

Grammaire

La noms de la 3e déclinaison : rex, regis, m

- La troisième déclinaison est reconnaissable à son **génitif singulier** en **-is**.
- Elle comprend des noms masculins, féminins et neutres. La déclinaison est la même pour les noms masculins et les noms féminins.

rex, regis, m : le roi		
cas	**singulier**	**pluriel**
nominatif	**rex**	**reges**
vocatif	**rex**	**reges**
accusatif	**regem**	**reges**
génitif	**regis**	**regum**
datif	**regi**	**regibus**
ablatif	**rege**	**regibus**

- Lorsqu'on enlève la **désinence** (en rouge), on trouve le **radical** du nom :
  frater, fratris, m : *le frère* → radical : **fratr-**.
- Le **génitif** est le cas du complément du nom :
  super umeros fratris : *sur les épaules de son frère.*
  mors fratrum : *la mort des frères.*
  Mais certains adjectifs se construisent aussi avec des compléments au génitif :
  oblita patriae : *oublieuse de sa patrie.*
  oblita fratrum : *oublieuse des frères.*

Erant in civitate rex et regina…

Exercices

Vocabulaire

Noms

amor, oris, m : amour
consul, ulis, m : consul
dux, ducis, m : chef
frater, tris, m : frère
gaudium, ii, n : joie
gladius, ii, m : épée
homo, inis, m : homme (être humain)
juvenis, is, m : jeune homme
mater, tris, f : mère
miles, itis, m : soldat
mulier, eris, f : femme
pater, tris, m : père
rex, regis, m : roi
soror, oris, f : sœur
uxor, oris, f : épouse
victor, oris, m : vainqueur
virgo, inis, f : jeune fille

Verbes

moveo, es, ere, movi : toucher, émouvoir
occido, is, ere, occidi : tuer

Appliquer

Exercice 1 : identifier un radical

Retrouvez le radical des mots suivants, en observant leur génitif.

Ex. : mater, matris, f : mère → *radical* : matr-.

amor, oris, m : amour - virgo, inis, f : jeune fille - soror, oris, f : sœur - dux, ducis, m : chef - homo, hominis, m : homme - miles, militis, m : soldat - pater, patris, m : père - rex, regis, m : roi - uxor, uxoris, f : épouse - victor, victoris, m : vainqueur.

Exercice 2 : manipuler les cas

Complétez avec les bonnes désinences.

1. Frat... puellam occidit.
2. Virgo fratr... non amat.
3. Virgin... verba fratrem movent.
4. Dux milit... gladium dat.
5. Cum duc... venio.

Exercice 3 : réviser le vocabulaire

Recherchez dans le vocabulaire que vous avez appris tous les mots appartenant au champ lexical de la famille.

Exercice 4 : lire en latin

Traduisez ce texte adapté de celui ➤ *p. 86.*

Horatius veniebat, spolia (les dépouilles) trium (trois) fratrum prae (devant) se gerens. Soror ante (devant) portam Capenam obvia (en face) fuit. Videt in umeris (les épaules) fratris paludamentum (le manteau) sponsi (fiancé), solvit ((elle) dénoue) crines et sponsum appellat. Itaque Horatius, stricto gladio (ayant dégainé son épée), sororem occidit.

Exercice 5 : faire le point sur l'histoire

Cinq erreurs se sont glissées dans ce texte : relevez-les.

Énée, fils d'un mortel et d'une déesse, quitta Troie pour aborder en Italie. Trois cents ans plus tard, Procas, roi des Romains, eut un fils, Numitor, à qui Romulus, fils lui aussi d'un mortel et d'une déesse, redonna le pouvoir. Puis Romulus fonda la ville de Rome, la peupla de brigands et de femmes qu'il enleva lors de jeux olympiques. Après sa mort, vingt rois se succédèrent, jusqu'à la fondation de la République, en 310 avant J.-C.

Exercice 6 : revoir les textes

Retrouvez la traduction des phrases suivantes.

1. Proca, rex Albanorum duos filios habuit, Numitorem et Amulium.
2. Amulius, pulso fratre, regnavit.
3. Romulus supervenit et fratrem liberavit.
4. Romulus et Remus urbem condiderunt.
5. Romulus iratus Remum occidit.
6. Crescebat interim urbs.
7. Signo dato, juventus Romana ad rapiendas virgines discurrit.
8. Princeps Horatius ibat, trigemina spolia prae se gerens.
9. Puella solvit crines et sponsum appellat.
10. Stricto gladio, transfigit puellam.

Jouer avec la langue

Exercice 7 : le jeu de l'intrus.

Trouvez l'intrus dans chaque liste.

1. vallum - forum - oppidum - templum - fratrum.
2. facio - capio - rapio - scio - interficio.
3. curro - vivo - occido - libero - condo - duco - gero - relinquo.
4. pater - mater - frater - soror - uxor - victor.

Exercice 8 : récréation

Utilisez les clés qui vous sont données pour déchiffrer le message secret et y répondre.

1. Cheval : ✪⋎✠✠□
2. Frère de Romulus : ■✪○✠□
3. Je dis : ●❖✧◆
4. La déesse : ●✪✹

Message secret

□◆■◆■✪○ ○✪✹○ ◆✧✧❖●❖ :
⋎✠❖□ □✠○ ?

Exercice 9 : le suffixe *-cide*

Celui qui tue son frère commet un fratricide (frater + occido).
Trouvez les mots qui désignent le meurtre d'un homme, d'un père, d'une mère, d'un roi, d'un peuple entier, de soi-même.

Exercice 10 : LE LATIN & LE GREC

1. *En latin, le verbe* movere : bouger *a donné plusieurs radicaux :* mov-/mouv-, mob-, meub-, mot-. *À partir de ces radicaux, trouvez le mot juste pour compléter les phrases suivantes.*

1. Ce fonctionnaire est monté en grade : il a eu une … .
2. Il ne faut pas s'aventurer dans des sables … .
3. Ne faites pas de … trop brusques.
4. Il a le regard … car son visage est très expressif.
5. Un canot mû par un moteur électrique est … .
6. Un sol … se laboure aisément.

2. *En grec, le verbe* mouvoir, bouger *se dit* kinô. *Comment appelle-t-on :* la personne qui soigne et rééduque par la mise en mouvement des muscles ? le procédé qui consiste à projeter des images animées ? celui qui aime aller au cinéma ? le lieu où l'on conserve les films ?

Le linguiste en herbe

Talis pater qualis filius.

Tel père, tel fils.

Cette expression s'emploie couramment pour exprimer l'idée que les enfants ressemblent souvent à leurs parents.

Tarquin le Superbe, dernier roi de Rome

Tarquin le Superbe (534-509 av. J.-C.) fut un grand bâtisseur mais aussi un roi violent et sanguinaire.

Combat entre guerriers de Vulci et guerriers d'autres cités, peinture murale de la tombe François de Vulci (seconde moitié du IVe siècle av. J.-C.) (Rome, villa Albani).

Fils de Tarquin l'Ancien, il avait épousé la fille du roi Servius Tullius, jeune fille ambitieuse qui poussa son mari à s'emparer du trône. Tarquin commença par s'attirer les faveurs de certains sénateurs. Puis, lorsqu'il jugea qu'il était temps d'agir, il fit irruption sur le forum et alla s'asseoir sur le siège royal, dans la curie. Il convoqua alors les sénateurs. Mais Servius survint, furieux. Résolu à tout, Tarquin le saisit par la taille, l'emmena hors de la curie et le jeta au bas des marches, avant de le faire assassiner par ses gardes.

Tullia arriva dans sa voiture et donna, la première, le titre de roi à son époux. En repartant, elle vit sur la route le cadavre de Servius : Tullia fit passer, dit-on, sa voiture sur le corps de son père, et fut éclaboussée de son sang. La rue en a gardé le nom de « rue du crime ». Tarquin fut un roi tyrannique, et les Romains, terrifiés, lui donnaient le surnom de *superbus* : l'orgueilleux.

D'après TITE-LIVE (59 av. J.-C.-17 apr. J.-C.), *Histoire romaine*, livre 1, 47, trad. des auteurs.

Recherches

1. *Il est question, dans le premier paragraphe de ce texte, de la* Curie *et des* sénateurs. *Cherchez l'explication de ces deux mots et le rôle que jouait le Sénat à Rome.*

2. *Le premier consul des Romains fut Junius Brutus, neveu de Tarquin. Brutus signifie « idiot ». Cherchez l'explication de ce surnom et le rôle que joua Brutus consul avec l'époux de Lucrèce.*

3. *Connaissez-vous un autre Brutus, plus célèbre ?*

Une épouse modèle

Tarquin le Superbe et son neveu, Tarquin de Collatie, dînent chez le fils du roi, Sextus Tarquin, violent comme son père…

Ils en vinrent à parler de leurs épouses : chacun faisant l'éloge de sa femme, il leur plut de vérifier cela. Ils gagnent donc Rome à cheval. Ils surprennent les brus royales en plein somptueux banquet. Ils se rendent ensuite à Collatie. Ils trouvent Lucrèce, l'épouse de Collatin, au milieu de ses servantes, en train de travailler la laine. On juge donc qu'elle l'emporte sur toutes les autres épouses. Quelques jours plus tard, Sextus revint à Collatie et viola Lucrèce. Le lendemain, elle appela son père et son époux, leur raconta la chose, et se tua en se frappant avec un couteau qu'elle avait caché sous sa robe. L'époux et le père poussent de grands cris et complotent de faire périr les rois. Quand Tarquin revint à Rome, il trouva les portes fermées, et on lui ordonna de s'exiler.

Abbé C.-F. Lhomond (grammairien du XVIIIe siècle), *De viris illustribus*, trad. J. Gaillard, Actes Sud, coll. « Babel », 1995.

Une famille en train de dîner, relief romain, pierre (IIIe siècle apr. J.-C.) (Rome, musée de la Civilisation romaine).

1. *Comment le premier texte justifie-t-il le surnom donné à Tarquin ?*

2. *Deux femmes romaines sont opposées dans ces deux textes. Définissez leurs défauts et leurs qualités. Quel vous paraît être l'idéal féminin pour un Romain ?*

Femme, détail d'une mosaïque de pavement romaine (Turquie, Akmoneia Gymnasium).

QUIBUS VE

UM AEDEM

POLLONIS

VIS IN CA

N EA PARTE

UAM FULM

DEO HARU

DDITIT PO

PARTIE 3

La littérature

11. Histoires de grenouilles

La fable

Grenouille sur une feuille de nénuphar, détail d'une mosaïque romaine de Pompéi (Ier siècle av. J.-C.) (Naples, Musée archéologique national).

Les *Fables* de La Fontaine, « La Grenouille qui se veut faire aussi grosse que le Bœuf », mise en scène de Robert Wilson, Paris, Comédie-Française, 2004.

Lire les images

1. *Décrivez la mosaïque de Pompéi.*
Sur quoi la grenouille est-elle placée ?
Quel est l'animal placé à droite de l'image ?
Comment le mouvement de l'eau du Nil est-il rendu ?

2. *Lisez la légende de l'illustration à droite : de quel document s'agit-il ?*
À quoi vous fait penser la grenouille ? Pourquoi est-elle représentée ainsi ?
Pourquoi le bœuf ressemble-t-il à un humain ? Que symbolise le journal qu'il tient à la main ?

La Grenouille qui veut se faire aussi grosse que le Bœuf

Les grenouilles sont souvent choisies comme sujets de fables, comme ici, dans cette fable latine d'origine grecque.

Le pauvre qui veut imiter le puissant est perdu.

Dans la prairie un jour la grenouille vit un bœuf ; atteinte de jalousie à la vue d'une si grande taille, elle gonfla sa peau toute ridée, puis demanda à ses petits si elle n'était pas plus grosse que le bœuf. Ils lui dirent que non. De nouveau elle tendit le tissu de sa peau en redoublant d'efforts, et demanda pareillement quel était le plus grand des deux. Les petits dirent : « Le bœuf ». Enfin, pleine de dépit, elle voulut s'enfler davantage, mais elle creva et resta morte sur la place.

PHÈDRE (env. 15-50), *Fables*, I, 24. trad. A. Bernot, Les Belles Lettres, 1989.

Au XVIIe siècle, le poète français Jean de la Fontaine reprend le même thème…

Une grenouille vit un bœuf
Qui lui sembla de belle taille.
Elle, qui n'était pas grosse en tout comme un œuf,
Envieuse, s'étend, et s'enfle, et se travaille,
Pour égaler l'animal en grosseur,
Disant : « Regardez bien, ma sœur ;
Est-ce assez ? dites-moi ; n'y suis-je point encore ?
Nenni. – M'y voici donc ? – Point du tout. – M'y voilà ?
– Vous n'en approchez point. » La chétive pécore[1]
S'enfla si bien qu'elle creva.
Le monde est plein de gens qui ne sont pas plus sages :
Tout bourgeois veut bâtir comme les grands seigneurs,
Tout petit prince a des ambassadeurs,
Tout marquis veut avoir des pages.

JEAN DE LA FONTAINE (1621-1695), *Fables*, I, 3.

1. *Pécore* : femme ou jeune fille sotte ou prétentieuse.

R. Dauphin (XXe siècle), « La Grenouille et le Bœuf », illustration pour les *Fables* de La Fontaine, chromotypographie (1942).

Lire les textes

1. *Qui sont les interlocuteurs de la grenouille dans les deux textes ?*

2. *Que représente le bœuf ? Et la grenouille ?*

3. *Comparez les morales de ces textes.*

Lire en latin

Les grenouilles qui demandent un roi

Ranae vagantes liberis paludibus
clamore **magno** regem petiere ab Jove,
qui **dissolutos** mores vi compesceret.
Pater deorum risit atque illis dedit
parvum tigillum, **missum** quod subito vadis
motu sonoque terruit pavidum genus.
Hoc mersum limo cum jaceret diutius,
forte una tacite profert e stagno caput
et **explorato rege** cunctas evocat.
Illae timore posito certatim adnatant
lignumque supera turba petulans insilit.
Quod cum inquinassent omni contumelia,
alium rogantis regem misere ad Jovem,
inutilis quoniam esset qui fuerat **datus**.
Tum misit illis hydrum, qui dente aspero
corripere coepit **singulas**. Frustra necem
fugitant inertes, vocem praecludit metus.
Furtim igitur dant Mercurio mandata ad Jovem
adflictis ut succurrat. Tunc contra deus :
« quia noluistis vestrum ferre » inquit « **bonum**,
malum perferte. »

PHÈDRE (env. 15-50),
Fables, I, 2, trad. des auteurs.

1. *Soliveau* : petite poutre.

Les grenouilles, qui erraient en toute liberté dans leurs marais, réclamèrent en criant à Jupiter un roi, pour réprimer par la force le dérèglement des mœurs. Le père des dieux rit et leur donna un petit soliveau[1] qui, envoyé brusquement au fond des étangs, par le remous et le bruit qu'il provoqua, terrifia cette race craintive. Plongé dans la vase, il restait immobile depuis assez longtemps : par hasard, une des grenouilles sort silencieusement la tête de l'étang et, après avoir examiné le roi, appelle toutes ses compagnes. Ayant oublié leur crainte, les voilà qui arrivent à qui mieux mieux et, en foule, elles sautent effrontément sur cette bûche. Quand elles l'eurent couverte de toutes sortes d'injures, elles envoyèrent des déléguées à Jupiter pour lui demander un autre roi, puisque celui qui leur avait été donné était inutile. Il leur envoya alors une hydre qui, de ses dents pointues, commença à les dévorer les unes après les autres. En vain, elles fuient mollement la mort, et la crainte étouffe leur voix. En cachette elles chargent donc Mercure d'une mission auprès de Jupiter, pour qu'il leur porte secours dans leur détresse. Alors le dieu s'opposa à leur requête et dit : « Puisque vous n'avez pas voulu accepter votre bonheur, supportez votre malheur. »

Lire le texte

1. *Quelle est la nature et la fonction des mots français* grand *et* petit *dans les expressions suivantes ?*
clamore magno : avec un grand cri - parvum tigillum : un petit soliveau

2. a. *Quelle est la nature des mots soulignés ?*
qui dissolutos mores compesceret : pour qu'il réprime leurs mœurs dissolues
explorato rege : le roi ayant été examiné
b. *Quelle est leur fonction ?*
c. *Avec quels noms sont-ils accordés ?*

Grammaire

L'adjectif qualificatif

- L'adjectif qualificatif latin, comme l'adjectif qualificatif français, s'accorde en **genre** et en **nombre** avec le nom qu'il accompagne.

  Il adopte également son **cas** :

  parvum tigillum : *un petit soliveau* - **clamore magno** : *avec un grand cri.*

- L'adjectif se décline au masculin comme **dominus** (➡ p. 55), au féminin comme **vita** (➡ p. 37), au neutre comme **verbum** (➡ p. 71).

  Il peut être aussi employé comme nom. On dit alors qu'il est substantivé :

  bonum, i, n : *le bien* - **malum, i,** n : *le mal.*

bonus, bona, bonum : bon						
	singulier			pluriel		
cas	masculin	féminin	neutre	masculin	féminin	neutre
nominatif	**bonus**	**bona**	**bonum**	**boni**	**bonae**	**bona**
vocatif	**bone**	**bona**	**bonum**	**boni**	**bonae**	**bona**
accusatif	**bonum**	**bonam**	**bonum**	**bonos**	**bonas**	**bona**
génitif	**boni**	**bonae**	**boni**	**bonorum**	**bonarum**	**bonorum**
datif	**bono**	**bonae**	**bono**	**bonis**	**bonis**	**bonis**
ablatif	**bono**	**bona**	**bono**	**bonis**	**bonis**	**bonis**

Le participe parfait passif et l'ablatif absolu

- On appelle **temps primitifs** du verbe l'ensemble des formes données par le dictionnaire :

  terreo, es, ere, ui, itum : *terrifier.*

  La dernière de ces formes, ici **territum**, s'appelle le **supin**.

- Pour former le **participe parfait** latin, qui correspond au participe passé français, on utilise un radical identique à celui du supin : **territum/territus, a, um** : *terrifié.*

- Le participe parfait se décline comme l'adjectif qualificatif **bonus, a, um**. Il a généralement un **sens passif** : **territus, a, um** : *terrifié.*

  Le groupe formé d'un nom et d'un participe parfait passif à l'ablatif s'appelle **ablatif absolu** :

  explorato rege.

  On peut traduire l'ablatif absolu de différentes manières :

  explorato rege : *le roi ayant été examiné ; une fois le roi examiné ; après avoir examiné le roi.*

Rupto corpore rana jacuit.

Exercices

Vocabulaire

Noms

agnus, i, m : agneau
rana, ae, f : grenouille
turba, ae, f : foule

Mots invariables

igitur : donc
subito : soudain

Verbes

jaceo, es, ere, jacui : être étendu
peto, is, ere, i(v)i, itum : demander
terreo, es, ere, terrui, itum : terrifier

Adjectifs possessifs

meus, a, um : mon, ma
suus, a, um : son, sa
tuus, a, um : ton, ta

Adjectifs qualificatifs

altus, a, um : haut, profond
angustus, a, um : étroit
bonus, a, um : bon
clarus, a, um : célèbre, clair
doctus, a, um : savant
jucundus, a, um : agréable
latus, a, um : large
longus, a, um : long
magnus, a, um : grand
malus, a, um : mauvais
parvus, a, um : petit
singuli, ae, a : un par un
superbus, a, um : orgueilleux

Appliquer

Exercice 1 : version

Traduisez en français.

1. Agnus in aqua clara bibit. **2.** Superbi reges homines terrent. **3.** Magna bella homines occidunt. **4.** Milites suos duces timent. **5.** Lupi mali agnos terrent. **6.** Romulus fratrem suum occidit. **7.** Rana parva est. **8.** In jucunda villa vivo. **9.** In campo lato milites sunt. **10.** Phaedrus clarus poeta est.

Exercice 2 : thème

Traduisez en latin.

1. Je vois un temple élevé. 2. Où est la petite grenouille ? 3. Le consul est sur une route étroite. 4. J'aime mon frère. 5. Les chefs orgueilleux font la guerre. 6. Nous courons sur une route étroite. 7. Nous aimons les bons poètes. 8. Nous lisons des fables célèbres.

Exercice 3 : apprendre le supin

Voici les supins de verbes que vous connaissez. Identifiez ces verbes en donnant leur traduction.

auditum - captum - cursum - datum - dictum - factum - gestum - lectum - missum - occisum - raptum - vocatum.

Exercice 4 : traduire l'ablatif absolu

Traduisez les groupes de mots suivants.

signo dato - legato misso - fabula lecta - consule victo - corpore rupto - legatis missis - templis conditis - fratribus occisis.

Exercice 5 : version

Relisez la traduction française de la fable ➡ *p. 95.*

1. *Traduisez son titre latin :* Rana rupta et bos.

2. *Retrouvez la traduction de ces groupes de mots latins dans la traduction française.*

in prato - rana conspexit bovem - rugosam inflavit pellem - natos suos interrogavit - rursus intendit cutem.

Jouer avec la langue

Exercice 6 : mots dérivés d'adjectifs

1. Angustus : étroit. *Quel lien faites-vous entre ce mot et les mots suivants ?*

une angine - une angoisse.

2. Bonus - malus. *Quel est le sens des mots suivants passés dans la langue française ?*

un bonus - un malus.

3. Altus - longus. *Quels sont les termes géographiques dérivés de ces deux adjectifs ?*

Exercice 7 : LE LATIN & LE GREC

1. *Le mot* grenouille *semble éloigné du mot latin* rana, *et pourtant c'est là son origine. On le voit dans l'ancien français* reinoille, *qui est dérivé de* ranacula : petite grenouille.

a. *Quel autre nom connaissez-vous pour désigner certaines petites grenouilles ?*

b. *À quelle classe d'animaux vertébrés amphibies appartient la grenouille ? Ce mot vient du grec* batrakhos : grenouille.

2. Magnus *en latin et* megas *en grec signifient tous deux* grand.

a. *À partir du radical latin, justifiez :*

le surnom de Charlemagne *- le sens des adjectifs* magnanime *et* magnifique *- le nom* magnum *donné à certaines bouteilles.*

b. *À partir des radicaux grecs* méga- *ou* mégal, *complétez les phrases suivantes.*

1. Ce monument de pierre brute est colossal : c'est un … .
2. Pour amplifier les sons, il faut utiliser un… .
3. Cette bombe atomique de cinq … pourrait détruire le monde.
4. Un homme à l'ambition démesurée a la folie des grandeurs : il est … .
5. Voltaire, auteur français du XVIIIe siècle, a écrit l'histoire d'un géant auquel il a donné le surnom de … .

Exercice 8 : récréation

Trouvez les mots correspondant aux définitions. Quelle phrase apparaît verticalement ?

Définitions

1. Petit.
2. Méchant.
3. Gentil.
4. Frère.
5. Mon.
6. Célèbre.
7. Soldat.
8. Donc.
9. Il rit.
10. Il aime.
11. Orgueilleux.
12. Par hasard.
13. Un temple.
14. Un par un.
15. La femme.
16. Le père.
17. Son.
18. Le jeune homme.
19. Savant.

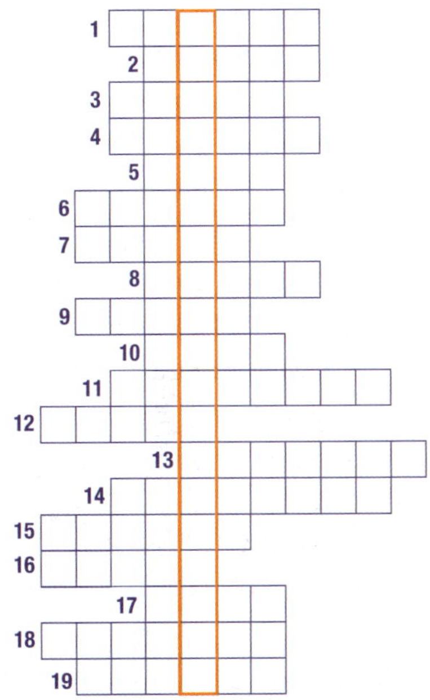

Le linguiste en herbe

Mala malus mala mala dat !

Le mauvais pommier donne de mauvaises pommes !

Ce proverbe est fondé sur un jeu de mots entre malus, i, f : *pommier* et malum i, n : *pomme* avec lesquels est accordé l'adjectif malus, a, um : *mauvais*. Il ressemble fort à un autre proverbe que vous avez vu récemment pour souligner les liens entre les membres d'une même famille. Quel est ce proverbe ?

Prolongements

Illustration d'après un buste grec d'Ésope (du VIe siècle av. J.-C.) dans le jardin de la villa Albani à Rome (1876), gravure sur bois.

La fable : d'un auteur à l'autre

Ésope a écrit des fables en grec. Nous savons peu de choses sur lui : il serait né au VIIe ou VIe siècle avant J.-C. On dit qu'il était d'origine thrace (d'Europe orientale ➡ carte en couverture intérieure). Il était, paraît-il, difforme et bègue. Esclave affranchi, il aurait beaucoup voyagé, notamment à Athènes, Corinthe et Delphes.

Phèdre a écrit ses fables en latin : esclave né en Thrace vers 15 apr. J.-C., il serait venu très tôt à Rome, où il aurait été affranchi par l'empereur Auguste. Il serait mort vers 50.

Jean de La Fontaine vécut au XVIIe siècle, sous le règne de Louis XIV. Il a publié des contes, mais ce sont ses fables qui l'ont rendu célèbre. Puisant son inspiration dans celles d'Ésope et de Phèdre, il se sert souvent du monde animal pour critiquer la société de son époque, et en particulier le roi.

L'art de la fable

Taille-douce de Rudolf Rah (1805-1886) d'après *Le roi des animaux*, dessin de Wilhelm von Kaulbach (1805-1874), frontispice de *Reineke Fuchs* de Johann Wolgang von Goethe, eau-forte (1867).

Phèdre dit d'Ésope : « Ésope qui a créé la fable, en a trouvé la matière ; et moi j'ai poli celle-ci en vers. »

Voici ce que dit Jean de la Fontaine de la fable :
« Les fables ne sont pas ce qu'elles semblent être ;
le plus simple animal nous y tient lieu de maître.
Une morale nue apporte de l'ennui :
Le conte fait passer le précepte avec lui.
En ces sortes de feintes, il faut instruire et plaire,
Et conter pour conter me semble peu d'affaire. »

Fables, VI, 1.

1. *Comment comprenez-vous ces paroles ?*

2. *Quel est le titre de l'illustration ci-contre ?*

3. *Décrivez le personnage central. En quoi représente-t-il bien l'univers de la fable ?*

4. *À partir de ce chapitre, donnez une définition des mots suivants.*
histoire - fable - conte - morale.

Quand les grenouilles coassent...

Son coassement peut parfois coûter la vie à la grenouille...

Un lion, ayant entendu un jour une grenouille qui coassait très fort, se tourna vers cette voix, pensant qu'il s'agissait d'un gros animal. Ayant attendu un peu, il la vit sortir de l'étang et, s'étant approché, l'écrasa.

La fable montre qu'il ne faut pas, avant d'avoir vu, se laisser effrayer par ce qu'on entend.

D'après ÉSOPE (VIIe-VIe siècle av. J.-C.), « Le lion et la grenouille », trad. des auteurs.

Pourquoi le lion éprouve-t-il le besoin d'écraser la grenouille ? En quoi cet acte cruel est-il inutile ?

Les grenouilles de Sérifos

Jacques Lacarrière, écrivain contemporain passionné par la Grèce, donne des précisions sur le mutisme des grenouilles de Sérifos, île au sud de la Grèce...

La plus curieuse légende de Sérifos est celle qui associe l'île aux grenouilles. La grenouille figurait sur les anciennes monnaies de l'île car Sérifos passait pour en abriter un nombre incalculable. Mais elles avaient une particularité, remarquée par tous les auteurs anciens : elles étaient muettes. Ces grenouilles ouvraient bien la bouche à l'occasion mais n'émettaient aucun coassement. Pourquoi ? Parce que l'eau saumâtre de l'île les privait de leur voix, dit Théophraste. Mais il y a une autre explication, la seule plausible évidemment puisqu'elle provient des dieux. On dit que lorsque Persée aborda l'île après sa victoire sur Méduse, il était si harassé qu'il se jeta sur une plage pour y dormir. Les grenouilles firent un tel tapage qu'elles l'en empêchèrent. Alors Persée pria Zeus de faire quelque chose et Zeus rendit les batraciens muets. Depuis, il semble que les choses aient repris leur cours normal. Dès ma première nuit à Sérifos, j'ai pu constater que les grenouilles avaient parfaitement retrouvé leur voix.

Jacques LACARRIÈRE, *L'Été grec*, Plon, 1975.

Pourquoi Jacques Lacarrière dit-il que la seule explication plausible est celle qui vient des dieux ?

Recherches

1. *Qui était Persée ? De qui était-il le fils ? Que lui est-il arrivé à la naissance ?*

2. *Qui est Méduse ? Pour quelle raison Persée a-t-il dû la tuer ?*

Gorgone ailée provenant du temenos de l'Athénaion, plaque en terre cuite polychrome, Grande Grèce (vers 570-550 av. J.-C.) (Sicile, Syracuse, Musée archéologique).

12. Des animaux fabuleux

Le texte documentaire

Couverture de *Harry Potter et le Prisonnier d'Azkaban* de J. K. Rowling, illustration de Jean-Claude Göttingen, Gallimard Jeunesse, 1999.

Fresque des griffons (détail) provenant du palais de Cnossos, art créto-minoen (XIVe siècle av. J.-C.) (Crète, Cnossos).

Lire les images

1. *Le chapitre 5 vous a présenté la Crète (►► p. 49). Nous retrouvons ici une fresque provenant du palais de Cnossos construit vers 2000 av. J.-C. Elle représente un griffon, animal fabuleux considéré comme l'animal sacré du pouvoir. Ce griffon (du latin* gryps, grypus, *tiré lui-même du grec* grups) *est représenté avec un corps de lion, une tête et des ailes d'aigle.*
Décrivez les lignes principales de cette fresque : verticales et horizontales. Montrez qu'elles harmonisent bien le griffon et le décor.
Comment est rendu l'aspect sacré et puissant de cet animal ?

2. *Le volume 3 d'*Harry Potter *consacre une large part au dressage des hippogriffes.*
Comment est formé le mot hippogriffe *?*
Quels animaux sont mélangés sur cette couverture de livre ?

Catoblépas et hippogriffes

Pline l'Ancien, dans son* Histoire naturelle*, décrit un animal étrange, le catoblépas (du grec* katô, vers le bas *et* blépein, regarder*).

Chez les Éthiopiens du Soir se trouve la fontaine Nigris [...]. Près de cette source vit la bête appelée catoblépas ; d'une taille du reste médiocre, et paresseuse des membres, toute son activité consiste à porter péniblement sa tête qui est très lourde, et qu'elle tient toujours inclinée vers le sol. Autrement elle serait le fléau du genre humain, car tout homme qui a vu ses yeux meurt aussitôt.

PLINE L'ANCIEN (23-79), *Histoire naturelle*, VIII, 32, trad. A. Ernout, Les Belles Lettres, 1952.

Au XIXe siècle, Flaubert présente lui aussi le catoblépas...

LE CATOBLÉPAS, *buffle noir, avec une tête de pourceau tombant jusqu'à terre et rattachée à ses épaules par un cou mince, long et flasque comme un boyau vidé. Il est vautré tout à fait et ses pieds disparaissent sous l'énorme crinière à poils durs qui lui couvre le visage.* – Gras, mélancolique, farouche, je reste ainsi continuellement à sentir sous mon ventre la chaleur de la terre.

Mon crâne est tellement lourd qu'il m'est impossible de le porter ; je le roule autour de moi, lentement, et, la mâchoire entr'ouverte, j'arrache avec ma langue des herbes vénéneuses arrosées de mon haleine. Une fois même je me suis dévoré les pattes, sans m'en apercevoir.

Gustave FLAUBERT (1821-1880), *La Tentation de saint Antoine*.

Au XXe siècle, ce sont des hippogriffes que décrit l'auteur d'*Harry Potter*...

Une douzaine de créatures parmi les plus bizarres que Harry ait jamais vues trottinaient dans leur direction. Elles avaient le corps, les pattes arrière et la queue d'un cheval mais leurs pattes avant, leurs ailes et leur tête semblaient provenir d'aigles monstrueux dotés de longs becs d'une couleur gris acier, et de grands yeux orange. Leurs pattes avant étaient pourvues de serres redoutables d'une quinzaine de centimètres de long.

J. K. ROWLING, *Harry Potter et le Prisonnier d'Azkaban*,
trad. J.-Fr. Ménard, Gallimard Jeunesse, coll. « Folio ».

Alexandre sur son char tiré par quatre griffons (détail), illustration extraite d'un manuscrit français de l'*Histoire de Grand Alexandre* (XVe siècle) (Paris, musée du Petit Palais).

Lire les textes

1. *Quels termes des textes décrivent le catoblépas comme un monstre déplaisant et répugnant ? Quels termes employés à son propos inspirent la pitié ? En quoi le catoblépas décrit par Flaubert est-il ridicule ?*

2. *Justifiez l'adjectif « bizarre » dans la description des hippogriffes. En quoi l'illustration de la couverture ➤➤ p. 102 correspond-elle exactement à cette description ?*

Lire en latin

L'urus

César, dans la Guerre des Gaules, *décrit les coutumes des Gaulois et les animaux étranges qu'il a rencontrés en Gaule. La première catégorie est celle des cerfs, la deuxième, celle des élans ; voici la troisième.*

Tertium est genus eorum **qui** uri appellantur.

Hi sunt magnitudine paulo infra elephantos, specie et colore et figura tauri. Magna vis eorum est et magna velocitas, neque homini neque ferae **quam** conspexerunt parcunt. Hos studiose foveis captos interficiunt ; hoc se labore durant adulescentes atque hoc genere venationis exercent, et **qui** plurimos ex his interfecerunt, relatis cornibus, **quae** sint testimonio, magnam **ferunt** laudem.

CÉSAR (101-44 av. J.-C.), *Guerre des Gaules*, livre VI, 28, trad. des auteurs.

La troisième espèce est celle des animaux qui sont appelés urus. Ceux-ci sont d'une grandeur un peu inférieure à celle des éléphants ; leur aspect, leur couleur et leur apparence sont ceux du taureau. Grande est leur force, et grande est leur rapidité, et ils n'épargnent ni l'homme, ni la bête qu'ils ont aperçue. On les tue après les avoir activement pris dans des pièges ; grâce à ce travail, les jeunes gens s'endurcissent, et ils s'exercent sans relâche à ce genre de chasse : ceux qui ont tué le plus grand nombre de ces animaux, après avoir rapporté publiquement leurs cornes comme preuves, reçoivent de grandes félicitations.

Lire le texte

1. a. *Observez la traduction des phrases suivantes. Combien de verbes contiennent-elles ? Qu'en déduisez-vous sur le nombre de propositions ?*
neque ferae <u>quam</u> conspexerunt parcunt :
et ils n'épargnent pas la bête sauvage <u>qu'</u>ils ont aperçue
relatis cornibus <u>quae</u> sint testimonio :
ayant rapporté les cornes <u>qui</u> leur servent de preuve
b. *Quelle est la nature des mots soulignés ci-dessus ? Quelle est leur fonction ? Quels cas latins correspondent à ces fonctions ?*

2. *Quel est le genre, le nombre et le cas des mots placés juste avant les pronoms relatifs latins que vous venez d'analyser ?*
ferae : la bête sauvage
cornibus : les cornes

3. a. Ferunt *signifie :* ils rapportent. *À quelle conjugaison ce verbe semble-t-il appartenir ?*
b. *Que remarquez-vous d'anormal dans la présentation qu'en donne le dictionnaire ?*
fero, fers, ferre, tuli, latum : porter

Grammaire

Le pronom relatif en français

- Le **pronom relatif** remplace un nom que l'on appelle un **antécédent** ; la proposition subordonnée à laquelle le pronom relatif appartient, appelée **proposition relative**, est l'expansion de ce nom.
- Le pronom relatif change de forme selon la fonction qu'il a dans la subordonnée :

Je lis César. J'apprécie César. → *Je lis César <u>que</u> j'apprécie.*
pronom relatif COD

Le pronom relatif en latin

qui, quae, quod : qui						
	singulier			pluriel		
cas	masculin	féminin	neutre	masculin	féminin	neutre
nominatif	**qui**	**quae**	**quod**	**qui**	**quae**	**quae**
accusatif	**quem**	**quam**	**quod**	**quos**	**quas**	**quae**
génitif	**cujus**	**cujus**	**cujus**	**quorum**	**quarum**	**quorum**
datif	**cui**	**cui**	**cui**	**quibus**	**quibus**	**quibus**
ablatif	**quo**	**qua**	**quo**	**quibus**	**quibus**	**quibus**

Dans un texte latin, il faut d'abord **distinguer** la proposition subordonnée relative de la proposition principale.
Puis il faut **analyser** le pronom relatif grâce au tableau ci-dessus :
– chercher son cas pour trouver sa **fonction** dans la subordonnée ;
– regarder son genre et son nombre pour trouver son **antécédent**.

En effet, le pronom relatif s'accorde en genre et en nombre avec son antécédent :

Urus [quem video] magnus est : *l'urus que je vois est grand.*

Proposition relative : **<u>quem</u> video**
pronom relatif à l'accusatif masc. sing.
antécédent : **urus**, COD du verbe **video**

Proposition principale : **<u>urus</u> magnus est**
nom masc. sing. au nominatif
sujet du verbe **est**

Le verbe fero, fers, ferre, tuli, latum : porter

Le verbe **fero** est un verbe fréquent en latin et irrégulier.

ferre : porter	
présent	parfait
fero je porte	**tuli** j'ai porté, je portai
fers	**tulisti**
fert	**tulit**
ferimus	**tulimus**
fertis	**tulistis**
ferunt	**tulerunt**

Exercices

Vocabulaire

Noms

color, oris, m : couleur
fera, ae, f : bête sauvage
figura, ae, f : figure, forme
labor, oris, m : peine, fatigue, travail
laus, laudis, f : louange, éloge
magnitudo, inis, f : grandeur
velocitas, atis, f : rapidité
venatio, onis, f : chasse
vultur, uris, m : vautour

Verbes

appello, as, are, avi, atum : appeler
conspicio, is, ere, spexi, spectum : apercevoir
fero, fers, ferre, tuli, latum : porter
parco, is, ere, peperci, parsum (+ datif) : épargner

Mots invariables

infra (+ accusatif) : en dessous de
nec/neque : et... ne pas
nec/neque... nec/neque : ni... ni

Appliquer

Exercice 1 : analyser les relatifs

1. *Quelle est la fonction des pronoms relatifs suivants ? Quel est le cas latin correspondant ?*

l'éléphant qui court - la jeune fille qui travaille - l'homme que je vois - les hommes que je vois - l'élève à qui je parle - les élèves à qui je parle - la maison dont je suis propriétaire - les temples dans lesquels nous sommes - la forêt dans laquelle je me promène - l'ami avec qui je me promène.

2. *Quel est l'antécédent de ces pronoms relatifs ?*

3. *En vous aidant du tableau* ➽ *p. 105**, traduisez en latin le pronom relatif correspondant à ces groupes nominaux.*

Exercice 2 : manipuler les relatifs

Traduisez en français.

1. Tauros videmus, quorum velocitas magna est.
2. Occidunt feram cujus cornua capiunt.
3. Romulus qui Romam condidit fratrem occidit.
4. Vultures quos Remus vidit sex erant.
5. Templum in quo statua deae est video.
6. Rana bovem vidit qui in prato erat.

Exercice 3 : compléter par un relatif

Après avoir compris le sens de ces phrases, trouvez le pronom relatif manquant.

1. Lego epistulam ... misisti. **2.** Magna est silva in ... sumus. **3.** Villa ... dominus es magna est. **4.** Templum ... spectas altum est. **5.** Vultures ... Remus videt sex sunt.

Exercice 4 : version

Traduisez cette présentation simplifiée de l'urus.

Uri magni sunt et speciem (l'aspect) coloremque tauri habent. Saevi sunt et homines ferasque pugnant. Homines uros interficiunt, quorum cornua (les cornes) capiunt : sic (ainsi) magnam laudem (louange) habent.

Exercice 5 : revoir le texte

Complétez le texte simplifié sur l'urus ➽ *p. 104**.*

Tertium est genus eorum ... uri appellantur. Hi sunt magnitudine paulo infra ..., specie et ... et figura tauri. Magna vis eorum est et magna ..., neque homini neque ... parcunt. Hos studiose foveis captos ... ; hoc se labore durant adulescentes atque hoc genere venationis exercent, et qui plurimos ex his interfecerunt, relatis cornibus, ... sint testimonio, magnam ... laudem.

Jouer avec la langue

Exercice 6 : labor, laboris, m

Labor, oris *a donné le nom* labeur, *l'adjectif* laborieux. *Quel rapport voyez-vous avec le mot* laboratoire *?*

Exercice 7 : fero

Fero, fers, ferre, tuli *signifie* porter. *Comment appelle-t-on :*

1. un animal qui porte des mamelles ?
2. un médicament qui apporte le sommeil ?
3. un arbre qui porte des cônes ?
4. un terrain qui contient de l'or ?
5. un gisement qui fournit du pétrole ?

Exercice 8 : LE LATIN & LE GREC

Figura et morphê *signifient en latin et en grec* la forme.

1. *En utilisant le latin* figura, *complétez les phrases suivantes.*

1. Il a reçu un jet d'acide en plein visage, qui l'a laissé … .
2. Depuis l'arrivée du printemps, le jardin est … .
3. Certains amateurs de peinture n'aiment que l'art … .
4. …-vous qu'il vient de m'arriver une terrible aventure !
5. Avez-vous vu la … expressive de cette nouvelle poupée ?
6. Avant de bâtir, il faut examiner la … du terrain.

2. *En vous référant au grec* morphê, *trouvez les définitions suivantes.*

1. Qui n'a aucune forme, aucune réaction.
2. Qui peut prendre de nombreuses formes.
3. Étude des formes en grammaire.
4. Technique qu'emploie un écrivain pour donner à un animal l'apparence d'un être humain (du grec anthrôpos : homme).

Exercice 9 : récréation

Reconstituez les groupes de mots suivants en associant les éléments deux par deux puis trouvez de qui il s'agit.

duo fratres qui	in Inferis vivebat.
soror quam	mari imperabat.
virgines quas	Horatius interfecit.
dux qui	Romam condiderunt.
deus qui	Romani rapuerunt.
clarus canis qui	Galliam cepit.

Le linguiste en herbe

Qui bene amat bene castigat.

Qui aime bien châtie bien.

Les châtiments et punitions ne sont pas négatifs : ils aident celui qui a commis une faute à se corriger.

Qui habet aures audiendi, audiat !

Celui qui a des oreilles pour entendre, qu'il entende !

Il faut faire son profit de ce que l'on entend.

Prolongements

Paolo Uccello (1397-1475), *Saint Georges combattant le dragon* (détail), tempera sur bois (vers 1439-1440) (Paris, musée Jacquemart-André).

D'étranges animaux

L'alcès

César, dans ses commentaires sur la guerre des Gaules, décrit les mœurs des habitants, et aussi la flore et la faune du pays. Il évoque un curieux animal...

Il y a des animaux que l'on appelle « élans ». Leur apparence est semblable à celle des chèvres, mais ils sont un peu plus grands : leurs cornes sont tronquées et ils ont des jambes sans articulations. Ils ne se couchent pas pour se reposer, et ne peuvent ni se mettre debout ni se soulever. Les arbres leur servent de lits : ils s'y appuient et c'est ainsi qu'ils prennent du repos, un peu penchés.

Quand les chasseurs, en suivant leurs traces, ont trouvé l'endroit où ils ont l'habitude de se retirer, ils déracinent ou coupent tous les arbres de ce lieu, mais en les laissant debout avec leur aspect habituel. Quand les élans viennent s'y appuyer selon leur habitude, ils font tomber les arbres sous leur poids et tombent en même temps.

César (101-44 av. J.-C.), *Guerre des Gaules*, VI, 27, trad. des auteurs.

Pline l'Ancien donne un savoureux détail à propos du même animal...

N'ayant pas d'articulation souple, il ne se couche pas mais s'appuie contre un arbre pour dormir, et on le piège en coupant cet arbre ; sinon, il est d'une rapidité extraordinaire. Il a une lèvre supérieure très grande, si bien qu'il recule en broutant pour que sa lèvre ne s'enroule pas s'il va tout droit.

Pline L'Ancien (23-79), *Histoire naturelle*, VIII, XVI, trad. des auteurs.

1. *En quoi cet animal est-il ridicule ? D'après César, et encore plus d'après Pline L'Ancien ?*

2. *Les descriptions de César et de Pline vous semblent-elles véridiques ou fantaisistes ?*

La tarasque est un monstre fabuleux dont on promène le mannequin en procession dans certaines villes méridionales.
Comment est-il représenté sur cette carte postale ?

Procession de la Tarasque à Tarascon, vers 1907, carte postale.

Le monocéros

Un des premiers bestiaires (recueils de fables, de moralités sur les animaux) est celui d'Oxford, rédigé en Grande Bretagne au début du XIIIe siècle.

Il est une bête appelée monocéros, véritable monstre dont le mugissement est terrifiant. Il a la taille du cheval, les pieds de l'éléphant et la queue du cerf. Une corne d'un éclat prodigieux lui perce le front et s'avance sur une longueur de quatre pieds, et de cette corne si acérée, le monocéros transperce tout ce qu'il charge. Pas un seul de ces monstres n'est parvenu vivant entre les mains de l'homme ; si on peut le tuer, on ne peut le capturer.

Le Bestiaire, trad. en français moderne M.-F. Dupuis et S. Louis, éd. Philippe Lebaud.

Couverture du magazine *Je sais tout* (février 1934), illustrée du monstre du Loch Ness par Oberon, lithographie en couleur (collection privée).

1. *Que signifie d'après ce texte le mot grec* monocéros ? *Pensez aux deux radicaux* mono- *(comme dans* monologue*) et* -céros *(comme dans* rhinocéros*).*

2. *Rappelez les noms de monstres vaincus par des héros.*

Un savant et un écrivain

Pline l'Ancien était un fonctionnaire de l'ordre équestre. Il fit campagne en Germanie et, lors de l'éruption du Vésuve en 79, il commandait la flotte stationnée au cap Misène. Il voulut observer de près le cataclysme et périt victime de sa curiosité scientifique. Il rassembla une masse de documents parfois fantaisistes mais qui révèlent le souci de se renseigner et d'enseigner à autrui. Il est l'auteur d'une très importante Histoire naturelle *en 37 livres dont voici le contenu.*

1	Sommaire et liste des auteurs cités	12 à 20	Botanique
2	Description de l'univers	21 à 27	Plantes médicinales
3 à 6	Géographie et Ethnographie	28 à 32	Remèdes empruntés au règne animal
7	Anthropologie et Physiologie	33 à 37	Minéralogie, peinture, arts de la pierre, pierres précieuses
8 à 11	Zoologie		

1. *Cherchez le sens des mots que vous ne connaissez pas dans cette présentation de l'ouvrage de Pline.*

2. *Quels domaines est-il surprenant de voir figurer dans une histoire naturelle ?*

13. Histoires de loups-garous

Le texte fantastique

Magie et Superstition (1493), gravure sur bois.

En haut : photographie du film *Wolf*, réalisé par Mike Nichols (1993), avec Jack Nicholson.
En bas : loup apparaissant sur la frise (fragmentaire) d'un théâtre romain (IIe siècle apr. J.-C.) (Vienne, Musée municipal).

Lire les images

1. *En quoi l'imagerie populaire du Moyen Âge représente-t-elle le loup-garou de façon naïve ?*

2. *Qu'a de terrifiant l'acteur représenté sur la photographie ?*

3. *Observez la frise. En quoi ce loup est-il réaliste ? Quels éléments lui donnent cependant un aspect fantastique ?*

« Une fois devenu loup »...

Pétrone, au Ier siècle apr. J.-C., rapporte dans un roman intitulé le Satiricon *une histoire de loup-garou. Le narrateur a rencontré un soldat bien mystérieux...*

Nous arrivons au milieu des tombeaux : mon homme commence à se balader vers les tombes ; moi je m'assois en chantonnant et je compte les stèles. Ensuite, quand je me suis retourné vers mon compagnon, il s'est déshabillé et a posé tous ses vêtements le long de la route. J'avais un goût de mort dans la bouche et je restais immobile comme un cadavre. Mais lui, il a pissé sur ses vêtements et soudain s'est changé en loup. Ne croyez pas que je blague ! Je ne mentirais pas pour tout l'or du monde ! Mais pour en revenir à ce que je disais, une fois devenu loup, il s'est mis à hurler et s'est enfui dans les bois. Moi, d'abord, je ne savais plus où j'étais ; puis je me suis approché pour ramasser ses vêtements : ils s'étaient changés en pierre !

Lucas von Cranach (1472-1553), *Magie et Superstition : loup-garou*, gravure sur bois coloriée (1512).

Le narrateur arrive ensuite à la maison de son amie Mélissa, qui lui raconte à son tour :

« Si tu étais venu plus tôt, tu aurais pu nous aider ; un loup en effet est entré dans la ferme, et comme un boucher il a saigné tous nos moutons. Cependant il n'a pas eu l'occasion de se réjouir, même s'il s'est enfui ; car notre esclave lui a transpercé le cou avec une lance. »

Le narrateur reprend :

Quand j'ai entendu ça, je n'ai pu fermer l'œil et au petit matin je me suis sauvé chez maître Gaius, comme un cabaretier dévalisé ; et quand je suis arrivé à l'endroit où les vêtements s'étaient transformés en pierre, je n'ai rien trouvé que du sang. Quand je suis rentré à la maison, voilà mon soldat qui était au lit malade comme un bœuf, et le médecin lui soignait le cou. J'ai compris que c'était un loup-garou.

PÉTRONE (mort en 65 apr. J.-C.), *Satiricon*, 62, trad. des auteurs.

Lire le texte

1. *Quels sont les éléments fantastiques de cet extrait ?*

2. *Relevez les termes familiers qui montrent que c'est un homme simple qui parle.*

3. *Quels sont les détails comiques du texte ? Quel effet cherche à produire l'auteur ?*

« Nous allons expliquer d'où vient cette croyance »...

Homines in lupos verti rursusque restitui sibi **falsum esse** confidenter **existimare debemus** aut credere omnia quae fabulosa tot saeculis conperimus. Unde tamen ista vulgo infixa sit fama in tantum ut in maledictis versipelles habeat, indicabitur.

Evanthes, inter auctores Graeciae non spretus, **scribit Arcadas tradere** ex gente Anthi cujusdam sorte familiae lectum ad stagnum quoddam regionis ejus duci, vestituque in quercu suspenso **tranare** atque **abire** in deserta, transfigurarique in lupum, et cum ceteris ejusdem generis congregari per annos VIIII. Quo in tempore si homine se abstinuerit, reverti ad idem stagnum et, cum tranaverit, effigiem **recipere**, ad pristinum habitum addito novem annorum senio ; id quoque Fabius eamdem **reciperare** vestem.

PLINE L'ANCIEN (23-79), *Histoire naturelle*, livre VIII, 34, trad. des auteurs.

Que les hommes soient changés en loups et redeviennent ensuite eux-mêmes, nous devons résolument croire que cela est faux, ou alors croire à toutes les histoires dont tant de siècles nous ont prouvé qu'elles n'étaient que des fables. Cependant nous allons expliquer d'où vient cette croyance si répandue parmi le peuple qu'il emploie le mot « loup-garou » comme injure.
Voici ce qu'écrit Évanthe, auteur grec reconnu : « Les Arcadiens racontent que l'on tire au sort l'un des membres de la famille d'un certain Anthus, qu'on le conduit au bord d'un étang de la région ; après avoir suspendu ses vêtements à un chêne, il traverse l'étang à la nage et gagne des régions désertiques ; il est transformé en loup et vit en troupeau avec ceux de sa race pendant neuf ans. Si, pendant ce temps, il s'est tenu à l'écart des hommes, il revient au même étang et, après l'avoir traversé, il retrouve sa forme humaine, mais avec neuf ans de plus. » Et Fabius ajoute qu'il retrouve les mêmes vêtements.

Lire le texte

1. *Combien de verbes la phrase suivante contient-elle en français ? Et en latin ? À quel mode sont-ils ?*
Scribit Arcadas tradere : Il écrit que les Arcadiens racontent...

2. *Quelle est la fonction de la proposition placée après* il écrit *?*

3. *Dans la phrase latine, à quel cas est le nom* Arcadas (Arcadae, arum : les Arcadiens) *? Le mot français* que *est-il exprimé ?*

Grammaire

La proposition subordonnée conjonctive en français

- Les **verbes déclaratifs** comme *dire*, *raconter*, *penser*, *croire* sont suivis d'une **proposition subordonnée conjonctive**, introduite par la **conjonction de subordination** *que*.
- La proposition conjonctive est **complément d'objet direct** du verbe de la proposition principale.

On croit que le regard des loups est nuisible.

croit : verbe de la prop. principale	*que le regard des loups est nuisible* : proposition subordonnée conjonctive COD du verbe *croire*

La proposition infinitive en latin

- Les verbes comme **dico, scio, credo, jubeo, narro** sont suivis d'une **proposition subordonnée infinitive**.
- Cette proposition ne contient **pas de subordonnant** correspondant au *que* français.
- Son **sujet** (obligatoirement exprimé) et ce qui s'y rapporte (adjectif épithète, attribut) se mettent **à l'accusatif**. Le verbe est à l'infinitif :

scribit [**Arcadas** **tradere**] : *Il écrit que les Arcadiens racontent…*

scribit : verbe de la prop. principale	**Arcadas** : accusatif	**tradere** : verbe à l'infinitif de la prop. infinitive

- Il existe une forme de proposition infinitive en français, mais elle est assez rare :

Nous voyons les loups courir.

La traduction de *on*

credit : *il croit* - **creditur** : *il est cru*, d'où *on croit*.

Cette tournure est fréquemment utilisée pour exprimer le *on* français. Elle est appelée **tournure passive** et est généralement suivie d'une **proposition infinitive**.

En voici d'autres, à retenir :

dicitur : *on dit* — **narratur** : *on raconte*

fertur : *on rapporte* — **traditur** : *on rapporte*

Saepe creditur lupum malum esse.

Exercices

Vocabulaire

Verbes

addo, is, ere, didi, ditum : ajouter
credo, is, ere, didi, ditum : croire, faire confiance à (+ datif)
debeo, es, ere, bui, bitum : devoir
existimo, as, are, avi, atum : penser, estimer
trano, as, are, avi, atum : traverser à la nage

Adverbe

saepe : souvent

Noms

annus, i, m : année
auctor, oris, m : auteur
stagnum, i, n : étang
vestis, is, f : vêtement

Adjectif

falsus, a, um : faux
pius, pia, pium : pieux

Appliquer

Exercice 1 : transposer

Traduisez ces phrases, puis transformez-les en propositions infinitives.

Ex. : Lupus in silva vivit : *le loup vit dans la forêt.*

→ Dico lupum in silva vivere : *je dis que le loup vit dans la forêt.*

1. Fabula falsa est.
2. Homo stagnum tranat.
3. Auctor scribere debet.
4. Fera currit.
5. Rex vincit.
6. Legatus militem occidit.
7. Homines fabulas legunt.

Exercice 2 : version

Repérez dans ces phrases la proposition infinitive, puis traduisez en français.

1. Narratur lupum homines occidere.
2. Dicitur fabulas luporum falsas esse.
3. Creditur uros tauri colorem habere.
4. Scimus Caesarem clarum auctorem esse.
5. Existimo homines venationem amare.

Exercice 3 : thème

Traduisez en latin les phrases suivantes.

1. Je sais que le roi fait la guerre.
2. On dit que le consul aime sa femme.
3. On rapporte que le travail de l'auteur est bon.
4. On raconte que les loups terrifient les bêtes sauvages.
5. On croit que le loup est une bête féroce.

Exercice 4 : version

Traduisez cette autre histoire de loup-garou.

Juppiter quodam die ad Lycaonis tyranni
un jour — Lycaon
domum venit. Sed Lycaon non pius erat
ad + domum : à la maison
et deo humanum cibum dedit. Iratus deus
nourriture
in eum flammam vindicem misit. Territus
foudre — vengeresse
Lycaon fugit, sed non poterat loqui. In
parler
villos vestes abierunt, lacerti in crura : lupus
poils — se changèrent — bras — jambes
erat, et tamen servabat veteris formae
conservait — ancienne (génitif)
vestigia.
traces

D'après Ovide, *Métamorphoses*, livre I.

Jouer avec la langue

Exercice 5 : récréation

Retrouvez la phrase dont les syllabes ont été mélangées.

PUS – ET – GIEM – TRA – CI – NAT – FI – LU – EF – NUM – RE – STAG – PIT

Exercice 6 : retrouver l'origine des mots

Reportez-vous au vocabulaire ►► *p. 114 et expliquez d'après leur origine :*

1. *ce que sont* un crédit *et* un débit ;
2. *d'où vient le mot* vestimentaire ;
3. *ce que signifie le verbe* stagner ;
4. *d'où vient le mot* addition.

Exercice 7 : pellis, is, f et cutis, is, f

Sachant que pellis *désigne* la peau des animaux *et* cutis la peau de l'homme, *cherchez ce que signifient les mots suivants.*

le pelage - une pelisse - une pelure d'orange - une pellicule - un fruit pelé - un tissu cutané - une cuti-réaction.

Exercice 8 : falsus, a, um

Complétez les phrases suivantes avec un mot formé sur la même racine que l'adjectif falsus : faux.

1. Il n'est pas honnête de … une signature.
2. La forte concurrence a condamné notre entreprise à la … .
3. Il est difficile de ne pas faire de … d'orthographe.
4. Tout ce que tu m'as raconté est totalement … .

Exercice 9 : LE LATIN & LE GREC

Les préfixes latin trans- *et grec* dia- *signifient tous deux* à travers.

1. *Sachant que le verbe* tranare *vient du préfixe* trans *et de* no, as, are : nager, *trouvez quels mots français viennent des associations suivantes.*

trans + figura	trans + fero
trans + scribo	trans + forma

2. *Complétez ces phrases où apparaît le préfixe* dia-.

1. La droite qui traverse une figure géométrique d'un angle à l'autre est une … .
2. La droite qui passe par le centre d'un cercle est le … .
3. Le thorax est séparé de l'abdomen par le … .
4. Une photo qui se projette sur un écran est une … .

Le linguiste en herbe

Homo homini lupus.

L'homme est un loup pour l'homme.

Ce proverbe est cité dans une comédie de Plaute (254-184 av. J.-C.), l'*Asinaria*. Il signifie que l'homme fait beaucoup de mal à ses semblables.

Tenere lupum auribus.

Tenir le loup par les oreilles.

Cette expression signifie : se trouver dans l'embarras. Cherchez une expression française de sens équivalent. Comparez les deux images contenues dans ces expressions et indiquez leur point commun.

Prolongements

Loups-garous antiques et modernes

Vous avez traduit ➞ *p. 114* *le résumé d'un récit dont voici le texte intégral. Jupiter est venu demander l'hospitalité au tyran Lycaon. Celui-ci lui a servi en guise de nourriture de la chair humaine. Le dieu explique comment il s'est vengé.*

À peine en avait-il chargé la table que, de ma foudre vengeresse, j'ai renversé sur lui sa demeure, pénates bien dignes d'un tel maître. Épouvanté, il s'enfuit et, après avoir gagné la campagne, il se met à hurler ; en vain il s'efforce de parler ; toute la rage de son cœur se concentre dans sa bouche ; sa soif naturelle de carnage se tourne contre les troupeaux et maintenant encore il se plaît dans le sang. Ses vêtements se changent en poils, ses bras en jambes ; devenu un loup, il conserve encore des vestiges de son ancienne forme. Il a toujours le même poil gris, le même air farouche, les mêmes yeux ardents ; il est toujours l'image de la férocité.

OVIDE (43 av. J.-C.-17 apr. J.-C.), *Métamorphoses*, trad. G. Lafaye, livre I, v. 218-239, Les Belles Lettres, 1985.

1. *Relevez dans le texte* ➞ *p. 112* *les formules montrant le souci de Pline d'être objectif et scientifique.*

2. *Comment Jupiter apparaît-il dans le texte d'Ovide ?*

3. *Que signifie l'expression* foudre vengeresse *(ligne 1) ? Quels en sont ici les effets ?*

Au XXe siècle, nous retrouvons un loup-garou en la personne de Rémus Lupin…

Un terrible grognement retentit. La tête de Lupin s'allongeait. Son corps également. Ses épaules se voûtaient. Des poils apparaissaient sur son visage et ses mains qui se recourbaient pour former des pattes dotées de griffes. Pattenrond recula, sa fourrure dressée sur son échine.

Le loup-garou se cabra en faisant claquer ses longues mâchoires. Sirius avait disparu. Il s'était métamorphosé. L'énorme chien se précipita d'un bond. Lorsque le loup-garou se libéra de la menotte qui l'attachait, le chien l'attrapa par le cou et le tira en arrière, loin de Ron et de Pettigrow. Ils étaient à présent accrochés l'un à l'autre, mâchoire contre mâchoire, leurs griffes se déchirant férocement…

La bête du Gévaudan, gravure sur cuivre coloriée publiée dans un livre d'images vers 1765 (Paris, Bibliothèque nationale).

J. K. ROWLING, *Harry Potter et le Prisonnier d'Azkaban*, trad. J.-Fr. Ménard, Gallimard jeunesse, coll. « Folio junior », 1999.

1. *Relevez les mots qui décrivent la métamorphose de Lupin. Dans quel ordre est-elle décrite ?*

2. *En quoi cet extrait est-il réaliste ? fantastique ? dramatique ?*

Les lubins normands

Dans ses Légendes rustiques, *George Sand fait surgir des êtres étranges : loups, chiens aux allures de fantômes, bêtes revenantes... Le chapitre 12 décrit les lubins que rencontra un soir un petit tailleur bossu...*

Illustration pour les *Légendes rustiques* de George Sand, lithographie (Paris, bibliothèque des Arts décoratifs).

Les lupins (ou lubins) sont des animaux fantastiques qui, la nuit, se tiennent debout le long des murs et hurlent à la lune. Ils sont très peureux, et si quelqu'un vient à passer, ils s'enfuient en criant : *Robert est mort, Robert est mort*[1] *!*

Maurice SAND

[...] Cependant il avançait toujours, ayant ouï dire que ces bêtes ne quittaient pas la longueur du mur où elles avaient coutume de faire la veillée, et il n'avait plus qu'environ cinq ou six pas à franchir, quand elles se mirent toutes devant lui, debout, grondant, puant la rage, et montrant des crocs jaunes à faire lever le cœur.

– Messieurs, messieurs, laissez-moi passer, dit le pauvre tailleur en détresse. Je ne vous veux point de mal, ne m'en faites donc point.

Mais les lupins grognaient de plus belle, et même rugissaient comme des lions. Il semblait que la voix humaine les eût mis en grand émoi et en mauvaise colère.

Tout à coup, le tailleur eut une idée : – Messieurs, fit-il, ne me mangez point ! Je suis maigre et vilain, comme vous voyez ! Si vous m'épargnez, je jure de vous apporter ici, demain, un mouton gras dont vous vous lècherez les babines.

Aussitôt les lupins se remirent sur leurs quatre pattes sans mot dire, et le tailleur passa, toujours courant, sans regarder derrière lui.

Il se jeta au lit, tout transi de peur, et eut la fièvre huit jours durant sans pouvoir sortir du lit, battant la campagne, et toujours s'imaginant de voir des loups ou des chiens enragés après lui [...].

GEORGE SAND (1804-1876), *Légendes rustiques* (1858), éd. Christian Pirot, 2003.

1. Il s'agit de Robert le diable (XIe siècle), duc légendaire de Normandie identifié au père de Guillaume le Conquérant.

1. *En quoi les lupins sont-ils à la fois des animaux redoutables et des êtres humains ?*

2. *Montrez l'évolution des sentiments du petit tailleur.*

3. *Le fils de George Sand a illustré ces légendes. Relevez les éléments fantastiques de l'illustration.*

14. Histoires de dauphins

Le texte narratif

Amour jouant sur le dos d'un dauphin à chasser un monstre marin, détail de la bordure d'une mosaïque romaine (IIe/IIIe siècle) (Algérie, Djemila, Musée archéologique).

Lire l'image

Les mosaïques reproduisent fréquemment des scènes de la vie quotidienne : les enfants y figuraient souvent, notamment avec des dauphins. On en trouve différentes représentations dans de nombreux endroits : Italie, Afrique, France, Grande-Bretagne…

1. *Quelles sont les couleurs dominantes de cette mosaïque ? En quoi sont-elles surprenantes ?*
2. *Quels sont les animaux représentés ? Sont-ils réalistes ?*
3. *Comment la mosaïque est-elle composée ?*
4. *Observez les yeux des personnages : que remarquez-vous ?*
5. *Comment le mouvement de l'eau est-il représenté ? Comparez avec celui* ➡ *page 94.*

« Il accourait du fond des eaux »...

Le dauphin fascine autant les enfants de l'Antiquité que ceux d'aujourd'hui. Se laisserait-il facilement adopter ?

Sous le règne du divin Auguste, un dauphin pénétra dans le lac Lucrin ; un enfant de pauvre, qui avait coutume de se rendre à l'école primaire, de sa maison de Baïes à Pouzzoles, s'attarda vers midi, l'appela du nom de Simon, l'attira souvent avec des morceaux de pain, qu'il emportait pour la route ; le dauphin se mit à éprouver pour lui une étonnante affection. Je répugnerais à rapporter le fait s'il n'était consigné dans les textes de Mécène, de Fabianus, d'Alfius Flavus et de beaucoup d'autres. Quand l'enfant l'appelait, à n'importe quelle heure du jour, même s'il était profondément caché, il accourait du fond des eaux et, après avoir été nourri de la main de l'enfant, il lui offrait son dos pour y monter ; rentrant les aiguillons de sa nageoire comme dans un fourreau, il le soulevait et le conduisait à l'école, à Pouzzoles, à travers la vaste baie ; il le transporta de la même façon pendant plusieurs années, jusqu'au jour où l'enfant fut enlevé par une maladie ; le dauphin revint souvent au lieu habituel, triste et donnant des signes de chagrin ; et à son tour il mourut de regret, cela ne fit de doute pour personne.

PLINE L'ANCIEN (23-79),
Histoire naturelle,
livre IX, 25,
trad. des auteurs.

Les Aventures en Floride de Flipper le dauphin, réalisé par James B. Clark Luke Halpin (1963).

Lire le texte

1. *Cet extrait de Pline est un récit : faites-en le schéma narratif. Où et quand se déroule-t-il ? Quels en sont les héros ?*

2. *L'auteur veut que l'on croie à ce qu'il dit : à quoi le voit-on ? Quels sont les éléments invraisemblables de cette histoire ?*

3. *Cherchez sur la carte (➤ couverture intérieure) où se situe Pouzzoles.*

Lire en latin

L'enfant et le dauphin (1)

Pline le Jeune (61-114), neveu de Pline l'Ancien, raconte une autre histoire de dauphin...

C. Plinius Caninio suo S.

Est in Africa Hipponensis colonia mari proxima. Adjacet navigabile stagnum. Omnis aetas piscandi, navigandi atque etiam natandi studio tenetur, maxime **pueri**. **His** gloria altissime provehi ; victor **ille** qui longissime natantes reliquit. **Hoc** certamine **puer** audacior ceteris in ulteriora tendebat. Delphinus occurrit et nunc praecedere **puerum**, nunc sequi, trepidantemque perferre in altum, mox flectit ad litus redditque terrae et aequalibus. Serpit per coloniam fama ; concurrere omnes. Postero die obsident litus, prospectant mare. Natant **pueri**, inter **hos ille**, sed cautius. Delphinus rursus ad tempus, rursus ad **puerum**. **Hoc** altero die, **hoc** tertio, **hoc** pluribus. Crescit audacia. Maxime **puer** qui primus expertus est ; **hujus** fiducia, mansuetudo **illius** augetur. Alii **pueri** dextra laevaque simul eunt hortantes monentesque.

PLINE LE JEUNE (61-114), *Lettres*, livre IX, 33, extraits, trad. des auteurs.

À suivre... ➠ *p. 128*

Il existe en Afrique la colonie d'Hippone, toute proche de la mer. À côté se trouve une lagune navigable. Les gens de tout âge sont attirés par le plaisir de pêcher, de naviguer, et surtout de nager, particulièrement les enfants. Pour eux, la gloire est de s'éloigner le plus possible ; le vainqueur est celui qui a laissé le plus loin derrière lui les autres nageurs. Dans cette lutte, un enfant plus audacieux que les autres s'aventurait fort loin. Un dauphin vint à sa rencontre ; tantôt il le précède, tantôt il le suit et l'emporte tout tremblant vers la haute mer ; bientôt il revient vers le rivage et le rend à la terre ferme et à ses camarades. L'histoire se répand dans la colonie ; tous accourent. Le lendemain ils assiègent le rivage, ils scrutent la mer. Les enfants nagent, et parmi eux notre héros, mais plus prudemment. Voici le dauphin, encore au même moment, encore vers l'enfant. Et cela le lendemain, le surlendemain, puis pendant plusieurs jours. L'audace s'accroît. Surtout l'enfant qui en a fait l'expérience le premier ; la confiance de l'un, la familiarité de l'autre augmentent. D'autres enfants, à droite, à gauche, les accompagnent en les encourageant.

Lire le texte

1. *Quelle est la nature des mots soulignés dans les expressions suivantes ?*
his gloria est : pour ceux-ci, c'est une gloire
hoc certamine : dans cette lutte
victor ille (est) : celui-là est le vainqueur
Quelle est la fonction de ces mots ? Quel est le cas latin correspondant ?

2. *Quel est le cas des mots soulignés ?*
puer tendebat : un enfant s'aventurait
praecedere puerum : il précède l'enfant
Quelle différence remarquez-vous avec les autres mots de la deuxième déclinaison que vous connaissez ? (➠ p. 55)

Les pronoms-adjectifs démonstratifs

hic, haec, hoc : ce, celui-ci						
	singulier			pluriel		
cas	masculin	féminin	neutre	masculin	féminin	neutre
nominatif	**hic**	**haec**	**hoc**	**hi**	**hae**	**haec**
accusatif	**hunc**	**hanc**	**hoc**	**hos**	**has**	**haec**
génitif	**hujus**	**hujus**	**hujus**	**horum**	**harum**	**horum**
datif	**huic**	**huic**	**huic**	**his**	**his**	**his**
ablatif	**hoc**	**hac**	**hoc**	**his**	**his**	**his**

ille, illa, illud : ce, celui-là						
	singulier			pluriel		
cas	masculin	féminin	neutre	masculin	féminin	neutre
nominatif	**ille**	**illa**	**illud**	**illi**	**illae**	**illa**
accusatif	**illum**	**illam**	**illud**	**illos**	**illas**	**illa**
génitif	**illius**	**illius**	**illius**	**illorum**	**illarum**	**illorum**
datif	**illi**	**illi**	**illi**	**illis**	**illis**	**illis**
ablatif	**illo**	**illa**	**illo**	**illis**	**illis**	**illis**

Les noms en -r de la 2e déclinaison : puer, -i, m

puer, -i, m : l'enfant		
cas	singulier	pluriel
nominatif	**puer**	**pueri**
vocatif	**puer**	**pueri**
accusatif	**puerum**	**pueros**
génitif	**pueri**	**puerorum**
datif	**puero**	**pueris**
ablatif	**puero**	**pueris**

- Par rapport aux noms de la 2e déclinaison que vous connaissez déjà (➡ p. 55), seuls le **nominatif** et le **vocatif**, **terminés par -r** et non par **-us**, diffèrent.
- Comme pour tous les noms, on obtient le radical en enlevant la désinence du génitif :
  puer, pueri → radical : **puer-** ;
  ager, agri → radical : **agr-**.
- Certains adjectifs se déclinent de la même façon :
  miser, misera, miserum : *malheureux*.

Hic puer malus est, ille bonus.

Exercices

Vocabulaire

Noms

aetas, atis, **f : âge, époque, temps**
ager, agri, **m : champ**
delphinus, i, **m : dauphin**
liber, libri, **m : livre**
magister, magistri, **m : maître d'école**
puer, eri **: enfant**
vir, viri, **m : homme**

Verbes

navigo, as, are, avi, atum **: naviguer**
teneo, es, ere, tenui, tentum **: tenir**

Mots invariables

per **+ accusatif : à travers**
rursus **: de nouveau**

Pronoms et adjectifs

alius, alia, aliud **: autre**
ceteri, ae, a **: les autres, tous les autres**
dexter, dextra, dextrum (ou dextera, dexterum) **: droit, à droite**
miser, era, erum **: malheureux**
multi, ae, a **: nombreux, beaucoup de**

Appliquer

Exercice 1 : version

Traduisez ces phrases en français.

1. Hic legit, ille scribit. **2.** Hi natant, illi navigant. **3.** Hunc video, illum audio. **4.** Illum delphinum pueri amant. **5.** Illius pueri delphinus est amicus. **6.** Cum illo consule veniunt.

Exercice 2 : retenir la déclinaison en -r

Donnez le radical de ces mots et déclinez-les.

vir, viri, m - liber, libri, m - magister, magistri, m - dexter, dextra, dextrum.

Exercice 3 : version

Traduisez ces phrases, imitées du texte ►► *p. 120.*

1. Viri et mulieres et pueri navigare et piscare et natare in stagno amant. **2.** Puer victor ceteros natantes longissime relinquit. **3.** Delphinus ducit puerum in altum ; deinde ad litus rursus natat et reddit puerum terrae. **4.** Serpit fama : homines prospectant stagnum. **5.** Alii pueri cum puero et delphino natant ; ille delphinum non timet : mansuetudo hujus augetur.

Exercice 4 : réviser la proposition infinitive

Traduisez les phrases suivantes. Puis récrivez-les en commençant par dicitur *ou* fertur.

1. Pueri multi natant in stagno.
2. Homines mulieresque hos spectant.
3. Delphinus magnus est.
4. In alto stagno navigat vir.
5. Prima hora venit delphinus.
6. Pueri audacia crescit.
7. Agricola multos agros habet.
8. Hic liber jucundus est.

Exercice 5 : du latin moderne

Harry Potter *a été traduit en latin par un anglais, Peter Needham.*
Comment expliquez-vous la traduction du titre d'un chapitre, Le survivant, *par* Puer qui vixit *?*
Traduisez ces autres extraits.

1. Illo <u>die</u> (jour) obscuro.
2. Parvum puerum illum interficere non potuit.
3. Cicatricem illam semper <u>habebit</u> (il aura).
4. Hic locus est.
5. Illi non audiebant.

Jouer avec la langue

Exercice 6 : ager, agri, m

Expliquez le sens de ces groupes nominaux formés à partir de ager : le champ.

l'agriculture - un paysage agreste - l'industrie agro-alimentaire - une loi agraire - un ouvrier agricole.

Exercice 7 : retrouver l'origine des mots

1. *Sachant que* hora, ae *signifie* heure, *dites ce que signifient les mots suivants.*

une horloge - un horoscope - un horodateur.

2. Magister *signifie* maître. *Quel rapport voyez-vous entre ce mot et les mots suivants ?*

mistral - magistral.

3. *Trouvez des mots de la famille de* libr-/livr-.

Exercice 8 : LE LATIN & LE GREC

Les préfixes latin multi- *et grec* poly- *signifient tous deux* beaucoup.

1. *Expliquez les mots français suivants.*

multiplier - multiple - multitude - multicoque - multicolore - multiforme - multiflore - multirisque.

2. *Complétez les phrases suivantes, contenant le préfixe* poly-.

1. Une personne qui parle plusieurs langues est … .
2. Cet homme est … : il a trois épouses.
3. Un chant à plusieurs voix est … .
4. Les professeurs distribuent souvent à leurs élèves des … .
5. Une statue peinte de plusieurs couleurs est dite … .
6. En géométrie, les élèves doivent tracer des figures comportant plusieurs angles : ce sont des … .
7. Une salle qui a plusieurs fonctions est une salle … .

Exercice 9 : récréation

Trente-deux noms de personnes se cachent dans ce carré magique. Retrouvez-les horizontalement, verticalement, à l'endroit ou à l'envers. Puis recopiez-les en donnant leur traduction.

Ex. : filia, *la fille*.

domina - puella - agricola - conviva - nauta - poeta - filia - turba - filius - amicus - dominus - servus - avus - legatus - vir - puer - magister - soror - virgo - consul - dux - homo - mater - miles - mulier - pater - rex - uxor - victor - auctor - juvenis - frater.

C	A	F	D	T	F	H	U	A	I	L	I	F	E	V
G	M	J	O	E	H	A	B	R	U	T	T	S	P	B
H	A	H	M	S	G	L	G	S	H	R	E	T	A	M
A	G	R	I	C	O	L	A	U	F	A	R	S	T	I
P	I	I	N	M	I	E	I	V	L	T	E	J	E	L
O	S	P	A	N	P	U	C	R	L	U	X	O	R	E
Q	T	V	Q	J	R	P	O	E	T	A	I	M	R	S
P	E	T	R	A	N	S	N	S	I	N	E	V	U	J
U	R	U	O	S	S	U	V	A	B	E	V	I	R	M
E	H	D	T	O	V	N	I	C	I	L	B	R	D	U
R	O	T	C	I	V	I	V	S	U	T	A	G	E	L
L	M	S	U	C	I	M	A	G	S	O	R	O	R	I
O	O	O	A	N	C	O	N	S	U	L	A	Q	D	E
C	I	R	P	A	R	D	U	X	F	R	A	T	E	R
T	B	V	F	I	L	I	U	S	U	F	H	D	A	B

Le linguiste en herbe

Desinit in piscem.

Cela finit en queue de poisson.

Cette expression est utilisée pour parler de quelque chose qui commence bien mais se termine de façon décevante.

Prolongements

Coupe d'Exékias, *La Traversée de Dionysos*, céramique grecque à figures noires (vers 550 av. J.-C.) (Munich, Staatl. Antikenslg.u.Glyptothek).

Histoire de dauphins

Les dauphins sont tous solidaires. Un dauphin fut capturé par un roi de Carie[1] et attaché dans un port. Les autres vinrent autour de lui très massivement, avec un réel chagrin, dont on pouvait se rendre compte, jusqu'à ce que le roi ordonne que le dauphin soit libéré. De plus, le jeune dauphin est toujours accompagné par un plus grand, qui lui sert de gardien. Et l'on a déjà vu un cadavre de dauphin porté par ses semblables, pour qu'il ne soit pas la proie des monstres marins.

PLINE L'ANCIEN (23-79), *Histoire naturelle*, IX, 33, trad. des auteurs.

1. Ancienne région du sud-ouest de l'Asie Mineure.

Quelle caractéristique essentielle des dauphins est mise en valeur ? Retrouvez le mot qui la résume.

Le singe et le dauphin

Ésope présente une fable dont le thème sera repris par La Fontaine au XVIIe siècle…

Les navigateurs ont coutume de prendre à bord des petits chiens de Malte et des singes : ces animaux les distraient pendant la traversée. C'est ainsi qu'un homme naviguait en compagnie d'un singe. Or, à la hauteur du cap Sounion, au sud de l'Attique, un violent orage éclata. Le navire chavira et tous, y compris le singe, se retrouvèrent nageant dans les flots. Un dauphin aperçut l'animal et, croyant avoir affaire à un homme, il se glissa sous lui, le prit sur son dos et le mena vers la terre ferme. Comme il arrivait au Pirée, le port d'Athènes, le dauphin demanda au singe s'il était athénien. « Oui, répondit le singe, et de haute naissance. – Et connais-tu le Pirée ? demanda le dauphin. – C'est même un de mes meilleurs amis », répondit le singe. L'imposture déplut fort au dauphin : il gagna les profondeurs et le singe y laissa la vie.

Avis à qui, ignorant la vérité, cherche à tromper son monde.

ÉSOPE (VIIe-VIe siècle av. J.-C.), *Fables*, trad. Cl. Terreaux, Arléa, 2002.

Armand Rapeno (XIXe/XXe siècle), « Le singe et le dauphin » (1947), illustration pour les *Fables* de La Fontaine, chromotypographie.

1. *La fable montre une qualité du dauphin, qu'on retrouve dans les autres extraits du chapitre : laquelle ?*
2. *Quels sont les aspects amusants de cette fable ?*

Dans une fiction moderne, l'écrivain Robert Merle imagine la conférence du professeur Sévilla, ami des dauphins.

Sévilla fit une petite pause, regarda son auditoire et se demanda s'il n'était pas en train de décrocher.

– Tous les cétacés sont intelligents, poursuivit-il, et si, de tous les cétacés, nous avons choisi le dauphin comme objet d'étude, c'est parce qu'il est plus petit et si j'ose dire, plus maniable que ses cousins, baleines, cachalots ou épaulards. Le Tursiops truncatus, ou « dauphin à nez de bouteille », que nous préférons à tout autre, ne dépasse pas trois mètres de longueur. Les spécimens moyens mesurent deux mètres cinquante pour un poids de cent cinquante kilos. Il est donc parfaitement transportable en auto ou en avion, et s'il implique un gardiennage assez astreignant, son entretien n'est pas ruineux : une douzaine de kilos de poisson par jour. Mais ce qui fait du dauphin un animal idéal pour la recherche, c'est son extraordinaire gentillesse. Cette gentillesse n'est pas faiblesse. Il est capable, d'un seul coup de sa puissante mâchoire, d'assommer un requin de bonne taille en le frappant dans les ouïes. Il possède, en outre, une double rangée de crocs très acérés, quatre-vingt-huit en tout, et il pourrait, s'il le voulait, broyer bras ou jambe à ceux qui le capturent. Mais de mémoire d'homme, il n'a jamais tourné ses armes contre notre espèce. Mieux encore, la plupart des bêtes domestiques, quand on leur fait subir une intervention un peu douloureuse, mordent ou griffent. Le dauphin accepte la douleur qu'on lui inflige sans regimber et sans jamais devenir menaçant. On dirait qu'il y a chez lui, à l'égard de l'homme, un parti pris d'inépuisable bienveillance. Depuis la plus haute antiquité, il passe, d'ailleurs, pour rechercher notre compagnie et en particulier celle des enfants. Capturé à l'état sauvage, il s'apprivoise avec une rapidité surprenante, et accepte avec plaisir nos caresses.

Planche zoologique (1861), lithographie (Berlin, coll. Archiv f. Kunst & Geschichte).

Robert Merle, *Un animal doué de raison*, Gallimard.

1. *Le professeur Sévilla est un scientifique : à quoi le voit-on ?*

2. *Il souligne dans les relations du dauphin avec les êtres humains une nette préférence. Laquelle ? En quoi est-elle bien illustrée dans les extraits et documents de ce chapitre ?*

15. Une plume et de l'encre

La lettre

Ci-dessus, à gauche : poète écrivant sur une tablette, mosaïque (IIe/IIIe siècle) (Trèves, Rheinisches Landesmuseum).
Ci-dessus, à droite : orateur dictant aux scribes, relief romain provenant du temple d'Hercule (IVe siècle) (Ostie, Musée archéologique).
Ci-contre : stèle romaine, épigraphe de Pline le Jeune (Rome, musée de la Civilisation romaine).

Lire les images

1. *Décrivez le personnage de la mosaïque : son attitude, son regard, la pose qu'il a adoptée. Que tient-il dans sa main gauche ? Et dans la droite ? Quelles sont les couleurs utilisées ? À quoi servent les tesselles noires qui sont autour du personnage ?*

2. *Comparez les personnages du relief avec celui de la mosaïque. Quels éléments retrouvez-vous ?*

3. *Une épigraphe est une inscription sur un monument pour en indiquer la date ou la destination. Quels mots déchiffrez-vous ici ?*

Correspondance

C. Plinius à son cher Caninius, salut.

Vous livrez-vous à l'étude, ou bien à la pêche, à la chasse, ou à tout à la fois ? Car tout peut se faire en même temps sur notre lac Larius. Le lac, en effet, procure du poisson en abondance, les forêts offrent du gibier, et votre très grande retraite éveille en vous toutes les pensées. Mais, soit que vous vous livriez à toutes ces activités, soit à une quelconque, je ne peux vous dire : « Je vous envie. » Pourtant, je souffre de ne pouvoir profiter ainsi que vous de tous ces délassements, que je désire si fort, comme les malades ont envie de vin, de bains et de sources. Jamais ne romprai-je donc ces liens qui m'attachent si étroitement, s'il m'est impossible de les dénouer ? Jamais, je pense, car aux anciennes affaires s'en ajoutent de nouvelles, sans que les premières soient achevées : à tant de nœuds, chaque jour ajoute un anneau à la longue chaîne de mes occupations. Adieu.

PLINE LE JEUNE (61-114), *Lettres*, livre II, 8, trad. des auteurs.

Marcus à son frère Quintus, salut.

Une plume et de l'encre soigneusement préparées, et aussi du papier bien lissé, voilà ce que je vais employer pour t'écrire. Tu me dis en effet que tu as eu beaucoup de mal à lire ma précédente lettre ; cela n'est dû, mon cher frère, à rien de ce que tu penses : je n'étais ni occupé, ni troublé, ni irrité contre personne ; mais j'ai l'habitude de prendre la première plume qui me tombe sous la main et de m'en servir comme si elle était bonne.

CICÉRON (106-43 av. J.-C.), *Correspondance*, t. III, CXLI, juillet 54, trad. L.-A. Constans, Les Belles Lettres, 1936 (1971).

Scribe, statuette en terre cuite provenant de Thèbes (VIe siècle av. J.-C.) (Paris, musée du Louvre).

Lire les textes

Ces deux extraits nous renseignent sur la correspondance à Rome.

1. *Quels sont les thèmes abordés dans la lettre de Pline ?*
En quoi Pline envie-t-il son ami ? Quelles sont les occupations auxquelles il aimerait se livrer ?
Pourquoi ne peut-il faire comme son correspondant ?
Comment montre-t-il que son travail est sans fin ?

2. *Sur quel type de support Cicéron écrit-il ? Quel matériel dit-il utiliser ?*
Connaissez-vous un autre moyen d'écrire pour les Romains ?

3. *Qu'est-ce qu'un scribe ? Comment le scribe est-il représenté dans l'illustration ci-dessus ?*
Comment écrit-il ?

Lire en latin

L'enfant et le dauphin (2)

Cet extrait d'une lettre de Pline le Jeune à son ami Caninius fait suite à celui présenté précédemment ➡ p. 120.

Constat Octavium Avitum, legatum proconsulis, in litus educto **superfudisse** unguentum ; illum in altum **refugisse** nec nisi **post multos dies** visum languidum et maestum, **mox** redditis viribus solita ministeria **repetisse**. Confluebant omnes ad spectaculum magistratus quorum adventu res publica novis sumptibus atterebatur. Postremo locus ipse quietem suam perdebat ; placuit occulte interfici ad quod coibatur.

PLINE LE JEUNE (61-114), *Lettres*, livre IX, 33, extraits.

Lire le texte

1. *Le texte suivant est la traduction du texte latin ci-dessus, mais dans le désordre. Rétablissez l'ordre de la traduction.*

a. Tous les magistrats affluaient pour voir ce spectacle, et leur venue écrasait la cité de nouveaux frais.
b. on décida alors de faire périr secrètement celui qui était la cause de cet envahissement.
c. Tout le monde sait qu'Octavius Avitus, légat du proconsul, répandit du parfum sur l'animal qui avait été amené sur le rivage ;
d. celui-ci s'enfuit vers le large et ce n'est qu'après plusieurs jours qu'on le revit, affaibli et triste ; bientôt, ses forces retrouvées, il reprit ses services habituels.
e. finalement le lieu lui-même perdait sa tranquillité ;

2. **a.** *Quel est, dans la phrase suivante, le temps du verbe* constat *?*
Constat Octavium Avitum in litus educto superfudisse unguentum : Tout le monde sait qu'Octavius Avitus a répandu sur l'animal amené sur le rivage un parfum.
b. *Quel est le cas de* Octavium *?*
c. *Quelle est la nature de la proposition qui se trouve après* constat *?*
Le mot français que *est-il exprimé ?*
d. *Quand se situe l'action de* superfudisse *par rapport à* constat *:*
en même temps ? avant ? après ?

3. **a.** *L'infinitif parfait du verbe* effundo, is, ere, effudi, effusum : verser *est* effudisse.
Comment est-il formé ?
b. *Observez les infinitifs parfaits suivants. Quel est le radical du parfait de chacun de ces verbes ?*
refugisse : refugio, is, ere, fugi
repeti(v)isse : repeto, is, ere, peti(v)i, petitum
c. *Quel est le suffixe utilisé pour marquer l'infinitif parfait ?*

4. **a.** *À quel cas est le groupe nominal suivant ?*
post multos dies : après plusieurs jours
b. *Cherchez dans le texte latin ➡ p. 120 d'autres compléments de temps.*

L'infinitif parfait

- On forme l'infinitif parfait en ajoutant **-isse** au **radical du parfait.** ➡ p. 63

  1re conjugaison : **amavi** → **amavisse**
  2e conjugaison : **habui** → **habuisse**
  3e conjugaison : **dixi** → **dixisse**
  conjugaison mixte : **cepi** → **cepisse**
  4e conjugaison : **audivi** → **audivisse**

- Utilisé dans la **proposition subordonnée infinitive**, l'infinitif parfait marque une action qui précède (qui est antérieure à) celle du verbe principal :

  Constat puerum delphinum <u>amare</u>. *Tout le monde sait que l'enfant aime le dauphin.*
  (<u>amare</u> : infinitif présent)

  Constat puerum delphinum <u>amavisse</u>. *Tout le monde sait que l'enfant aimait/aima le dauphin.*
  (<u>amavisse</u> : infinitif parfait)

Les compléments de temps (date et durée)

- Lorsqu'on répond à la question **quando** ? (quand ?), on exprime une **date**.
  Le complément se met alors à l'**ablatif** :

  Quando venit delphinus ? Tertio die venit.
  Quand le dauphin vient-il ? Il vient le troisième jour.

- Lorsqu'on répond à la question **quamdiu** ? (combien de temps ?), on exprime une **durée**.
  Le complément se met alors à l'**accusatif** :

  Quamdiu vixit ? Duodecim annos vixit.
  Combien de temps vécut-il ? Il vécut douze ans.

Dicitur Homerum caecum fuisse.

Exercices

Vocabulaire

Verbes

confluo, is, ere, fluxi, fluctum : affluer, venir en masse
fugio, is, ere, fugi : fuir
fundo, is, ere, fudi, fusum : verser, répandre
nato, as, are, avi, atum : nager
perdo, is, ere, didi, ditum : perdre, ruiner, détruire

Adjectifs

maestus, a, um : triste
novus, a, um : nouveau
primus, a, um : premier
quietus, a, um : tranquille
secundus, a, um : second
tertius, a, um : troisième

Noms

hora, ae, f : heure
quies, quietis, f : repos

Mots invariables

cras : demain
heri : hier
mox : bientôt
nunc : maintenant
nunc... nunc : tantôt... tantôt
occulte : en cachette, en secret
olim : jadis, autrefois
postremo : finalement
quamdiu ? : combien de temps ?
quando ? : quand ?

Appliquer

Exercice 1 : réviser la subordonnée infinitive

Traduisez ces phrases, puis transposez-les en propositions subordonnées infinitives introduites par constat.

Ex. : Puer natat : l'enfant nage.
→ Constat puerum natare : tout le monde sait que l'enfant nage.

1. Legatus unguentum fundit.
2. Delphinus in altum refugit.
3. Delphinus maestus est.
4. Omnes ad spectaculum veniunt.
5. Locus non quietus est.
6. Homines delphinum interficiunt.

Exercice 2 : changer les temps

Remplacez les infinitifs de l'exercice 1 par des infinitifs parfaits.

Ex. : constat puerum natavisse : tout le monde sait que l'enfant nageait/a nagé.

Exercice 3 : version

Traduisez en français.

1. Constat pueros in altum navigavisse. 2. Scimus delphinum puerum vidisse. 3. Narratur omnes puerum audivisse. 4. Omnes tradunt puerum delphinum non timuisse. 5. Fertur delphinum in altum fugisse. 6. Fertur pueros in stagno natavisse.

Exercice 4 : retenir le texte

Sans regarder le texte ➡ *p. 128**, recopiez cet extrait en le complétant avec les mots de la liste suivante.*

refugisse - locus - spectaculum - occulte - repetisse - quietem - legatum - maestum - superfudisse.

Constat Octavium Avitum, ... proconsulis, in litus educto ... unguentum ; illum in altum ... nec nisi post multos dies visum languidum et ..., mox redditis viribus solita ministeria ... . Confluebant omnes ad ... magistratus. Postremo ... ipse ... suam perdebat ; placuit ... interfici ad quod coibatur.

Jouer avec la langue

Exercice 5 : le jeu de l'intrus

Trouvez l'intrus dans chaque liste.

1. fundis - fugis - laudis - legis - confluis.
2. perdo - fundo - condo - magnitudo - credo.
3. vitas - aetas - poetas - nautas - portas.
4. fugi - perdidi - addidi - anni - debui.

Exercice 6 : récréation

Quid dicit Octavius Avitus ? *La phrase qu'il prononce est composée de trois mots, donnés dans le désorde.*

Exercice 7 : le jeu de l'énigme

Chacun de ces cercles contient des syllabes. Si vous les lisez dans un ordre précis, vous découvrirez une phrase…

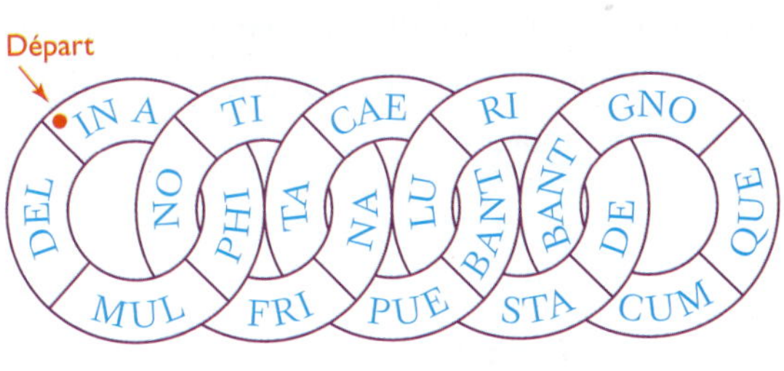

Exercice 8 : fundo

Le verbe fundo, is, ere, fudi : répandre, verser *a donné deux radicaux essentiels* : fond- (confondre, fondre) et fus-.
Trouvez des mots de la même famille à partir du radical fus- *et des préfixes* con-, dif-, ef-, in-, pro-.

Exercice 9 : fugio

En utilisant le radical fug- *du verbe* fugio, is, ere, fugi : fuir, *trouvez le mot qui correspond aux définitions suivantes.*

1. Qui repousse la chaleur.
2. Qui fuit le centre.
3. Qui fait fuir les vers.
4. Qui s'enfuit.

Exercice 10 : LE LATIN & LE GREC

1. Confluo *est formé à partir du verbe* fluo, is, ere : couler, *auquel est ajouté le préfixe* cum- *pour marquer l'idée de masse.*
À partir du radical flu-, *trouvez la définition des mots suivants.*

fluvial - affluent - confluent - flux - reflux - superflu - effluve - fluide.

2. *En grec,* couler *se dit* rhéo.
À partir du radical rh-, *complétez les phrases suivantes avec le mot juste.*

1. Son nez coule, il a un bon … .
2. Il souffre des articulations car il a un … aigu.
3. Les saisons s'écoulent selon un … invariable.
4. Son sang coule : il faut arrêter l'… avec un garrot.

Le linguiste en herbe

Diem non perdidi.

Je n'ai pas perdu ma journée.

Cette phrase est prononcée avec satisfaction lorsqu'on pense avoir effectué un travail efficace.

La correspondance à Rome

Le matériel

Pour écrire **intra muros**, c'est-à-dire en ville, on se servait de tablettes de bois, les **pugillares**, recouvertes d'une cire noire et molle, sur lesquelles on pouvait écrire recto-verso. On utilisait un **stilus**, ou poinçon de corne ou de fer, pointu d'un côté pour écrire, et plat de l'autre pour effacer.

On envoyait généralement la tablette écrite au recto, et le destinataire gravait sa réponse sur le verso. C'est un esclave qui servait de porteur.

Un haut fonctionnaire donne ses instructions à un groupe de notaires, bas-relief romain provenant d'Ostie, calcaire (Ier/IIIe siècle av. J.-C.) (Ostie, musée Ostiense).

Pour envoyer une lettre **extra muros**, c'est-à-dire hors de la ville, on utilisait le papyrus d'Égypte ; on polissait les feuilles de papyrus avec un coquillage ou un racloir en ivoire. On écrivait avec une plume de roseau, le **calamus**, ou une plume d'oiseau, la **penna**, et de l'encre : **atramentum** (de l'adjectif ater, tra, trum : noir). L'encrier s'appelait **atramentarium**.

Petit à petit, on prit l'habitude de sceller et cacheter les lettres.

L'acheminement du courrier

Les particuliers devaient employer du personnel privé : les **cursores** ou **pugillarii**. C'est l'empereur Auguste (27 av. J.-C.-14 apr. J.-C.) qui créa le premier service postal régulier, en faisant établir des relais. Mais ces services étaient réservés à l'État ou aux hauts fonctionnaires.

L'acheminement du courrier n'était pas rapide : 60 kilomètres par jour étaient une bonne moyenne. Seule la poste impériale atteignit 150 kilomètres par jour, dans des cas exceptionnels, en faisant voyager les porteurs 24 heures sur 24. Les adresses étaient imprécises, comme en témoigne la lettre de Cicéron ➡ p. 127 où seul le nom du destinataire est indiqué.

Les formules

Les Romains avaient recours à des formules toutes faites et très abrégées.

Au début d'une lettre :

S.D. : salutem dat/dicit : donne le bonjour

S. : salutem (le verbe est sous-entendu)

Exemple : C. Plinius Caninio suo S. : Caius Plinius à son cher Caninius, salut. ➡ p. 127

S.V.B.E.E.A.V : si vales bene est ; ego autem valeo : si tu vas bien, c'est bien ; moi, de mon côté, je vais bien.

À la fin d'une lettre, un seul mot :

Vale ! : Porte-toi bien !/Salut !

Simplicissimus, visuel d'un journal hebdomadaire de type politique et satirique (vers 1905-1906) (Munich).

Les animaux familiers

La « Perle » de Crésus

Au cours d'un festin, Crésus, l'esclave favori du « nouveau riche » Trimalcion, chérit un peu trop sa petite chienne. Trimalcion, jaloux, fait venir Scylax, son molosse…

Le jeune Crésus entourait d'un ruban vert poireau une petite chienne noire et excessivement grasse. Trimalcion ordonna qu'on fasse venir Scylax. Sans tarder, on lui amena son énorme chien qui se coucha devant la table. Alors Trimalcion dit : « Personne ne m'aime plus que lui dans ma maison. » Furieux des louanges prodiguées à Scylax, Crésus déposa sa petite chienne par terre et l'excita aussitôt au combat. Scylax, bien sûr, obéissant à son instinct de chien, emplit la salle à manger d'un épouvantable aboiement et faillit bien mettre en pièces la « Perle » de Crésus. Le désordre ne s'arrêta pas à cette bagarre : un candélabre se renversa sur la table et aspergea d'huile bouillante quelques convives.

PÉTRONE (mort en 65 apr. J.-C), *Satiricon*, 64, trad. des auteurs.

Bucéphale, le cheval d'Alexandre

À propos de ce cheval, il semble intéressant de rappeler que, une fois harnaché et paré pour le combat, il ne supporta jamais d'être monté par quelqu'un d'autre que le roi. On raconte également à son sujet que, comme Alexandre le chevauchait lors de la guerre en Inde en accomplissant des exploits, il l'avait lancé au cœur de la formation ennemie sans être assez prudent. Alors que les traits pleuvaient de toutes parts sur Alexandre, le cheval avait été gravement blessé au cou et au flanc ; cependant, mourant et presque vidé de son sang, en courant à toute allure, il retira le roi du milieu des ennemis. Quand il l'eut mis hors de portée des traits, il tomba sur place et, rassuré sur le sort de son maître, rendit l'âme, apaisé comme s'il avait eu des sentiments humains.

AULU-GELLE (env. 130-175), *Nuits attiques*, V, 2, trad. des auteurs.

Alexandre à la tête de ses armées, illustration du *Roman d'Alexandre le Grand* par Narsès (fin XIIIe siècle) (Venise, Congrégation arménienne Saint-Lazare).

1. *Quels sont les traits de caractère donnés aux animaux dans les deux textes ?*

2. *Qu'y a-t-il d'amusant dans le premier texte ? Et d'émouvant dans le second ?*

Tableaux de grammaire

1 Les conjugaisons

Le présent ➜ p. 21, 29, 45, 105

1re conjugaison	2e conjugaison	3e conjugaison	conjugaison mixte	4e conjugaison
amare : aimer	**habere** : avoir	**dicere** : dire	**capere** : prendre	**audire** : entendre
amo **amas** **amat** **amamus** **amatis** **amant**	**habeo** **habes** **habet** **habemus** **habetis** **habent**	**dico** **dicis** **dicit** **dicimus** **dicitis** **dicunt**	**capio** **capis** **capit** **capimus** **capitis** **capiunt**	**audio** **audis** **audit** **audimus** **auditis** **audiunt**
infinitif : **amare**	infinitif : **habere**	infinitif : **dicere**	infinitif : **capere**	infinitif : **audire**

esse : être	**posse** : pouvoir
sum **es** **est** **sumus** **estis** **sunt**	**possum** **potes** **potest** **possumus** **potestis** **possunt**
infinitif : **esse**	infinitif : **posse**

ferre : porter
présent
fero **fers** **fert** **ferimus** **fertis** **ferunt**
infinitif : **ferre**

L'imparfait ➜ p. 79

➜ p. 79

1re conjugaison	2e conjugaison	3e conjugaison	conjugaison mixte	4e conjugaison
amare : aimer	habere : avoir	dicere : dire	capere : prendre	audire : entendre
amabam	habebam	dicebam	capiebam	audiebam
amabas	habebas	dicebas	capiebas	audiebas
amabat	habebat	dicebat	capiebat	audiebat
amabamus	habebamus	dicebamus	capiebamus	audiebamus
amabatis	habebatis	dicebatis	capiebatis	audiebatis
amabant	habebant	dicebant	capiebant	audiebant

esse : être	posse : pouvoir
eram	poteram
eras	poteras
erat	poterat
eramus	poteramus
eratis	poteratis
erant	poterant

Le parfait ➜ p. 63, 105, 129

1re conjugaison	2e conjugaison	3e conjugaison	conjugaison mixte	4e conjugaison
amare : aimer	habere : avoir	dicere : dire	capere : prendre	audire : entendre
amavi	habui	dixi	cepi	audivi
amavisti	habuisti	dixisti	cepisti	audivisti
amavit	habuit	dixit	cepit	audivit
amavimus	habuimus	diximus	cepimus	audivimus
amavistis	habuistis	dixistis	cepistis	audivistis
amaverunt	habuerunt	dixerunt	ceperunt	audiverunt

esse : être	posse : pouvoir
fui	potui
fuisti	potuisti
fuit	potuit
fuimus	potuimus
fuistis	potuistis
fuerunt	potuerunt

ferre : porter
tuli
tulisti
tulit
tulimus
tulistis
tulerunt

2 Les déclinaisons

La première déclinaison ➽ p. 37, 45

vita, -ae, f : la vie				
cas	**fonction**	**exemple**	**déclinaison singulier**	**déclinaison pluriel**
nominatif	sujet, attribut du sujet	**la vie** est courte	vita	vitae
vocatif	apostrophe	ô **vie** !	vita	vitae
accusatif	COD	nous aimons **la vie**	vitam	vitas
génitif	complément du nom	les plaisirs **de la vie**	vitae	vitarum
datif	COI	il tient à **la vie**	vitae	vitis
ablatif	complément circonstanciel	dans **la vie**	vita	vitis

La deuxième déclinaison ➽ p. 55, 121

dominus, -i, m : le maître		
cas	**singulier**	**pluriel**
nominatif	dominus	domini
vocatif	domine	domini
accusatif	dominum	dominos
génitif	domini	dominorum
datif	domino	dominis
ablatif	domino	dominis

puer, -i, m : l'enfant		
cas	**singulier**	**pluriel**
nominatif	puer	pueri
vocatif	puer	pueri
accusatif	puerum	pueros
génitif	pueri	puerorum
datif	puero	pueris
ablatif	puero	pueris

La deuxième déclinaison neutre ➽ p. 71

verbum, -i, n : le mot		
cas	**singulier**	**pluriel**
nominatif	verbum	verba
vocatif	verbum	verba
accusatif	verbum	verba
génitif	verbi	verborum
datif	verbo	verbis
ablatif	verbo	verbis

La troisième déclinaison ➽ p. 87

rex, regis, m : le roi		
cas	**singulier**	**pluriel**
nominatif	rex	reges
vocatif	rex	reges
accusatif	regem	reges
génitif	regis	regum
datif	regi	regibus
ablatif	rege	regibus

Les adjectifs qualificatifs de la première classe ➠ p. 97

bonus, bona, bonum : bon						
	singulier			pluriel		
cas	masculin	féminin	neutre	masculin	féminin	neutre
nominatif	**bonus**	**bona**	**bonum**	**boni**	**bonae**	**bona**
vocatif	**bone**	**bona**	**bonum**	**boni**	**bonae**	**bona**
accusatif	**bonum**	**bonam**	**bonum**	**bonos**	**bonas**	**bona**
génitif	**boni**	**bonae**	**boni**	**bonorum**	**bonarum**	**bonorum**
datif	**bono**	**bonae**	**bono**	**bonis**	**bonis**	**bonis**
ablatif	**bono**	**bona**	**bono**	**bonis**	**bonis**	**bonis**

Le pronom relatif ➠ p. 105

qui, quae, quod : qui						
	singulier			pluriel		
cas	masculin	féminin	neutre	masculin	féminin	neutre
nominatif	**qui**	**quae**	**quod**	**qui**	**quae**	**quae**
accusatif	**quem**	**quam**	**quod**	**quos**	**quas**	**quae**
génitif	**cujus**	**cujus**	**cujus**	**quorum**	**quarum**	**quorum**
datif	**cui**	**cui**	**cui**	**quibus**	**quibus**	**quibus**
ablatif	**quo**	**qua**	**quo**	**quibus**	**quibus**	**quibus**

Les pronoms-adjectifs démonstratifs ➠ p. 121

hic, haec, hoc : ce, celui-ci						
	singulier			pluriel		
cas	masculin	féminin	neutre	masculin	féminin	neutre
nominatif	**hic**	**haec**	**hoc**	**hi**	**hae**	**haec**
accusatif	**hunc**	**hanc**	**hoc**	**hos**	**has**	**haec**
génitif	**hujus**	**hujus**	**hujus**	**horum**	**harum**	**horum**
datif	**huic**	**huic**	**huic**	**his**	**his**	**his**
ablatif	**hoc**	**hac**	**hoc**	**his**	**his**	**his**

ille, illa, illud : ce, celui-là						
	singulier			pluriel		
cas	masculin	féminin	neutre	masculin	féminin	neutre
nominatif	**ille**	**illa**	**illud**	**illi**	**illae**	**illa**
accusatif	**illum**	**illam**	**illud**	**illos**	**illas**	**illa**
génitif	**illius**	**illius**	**illius**	**illorum**	**illarum**	**illorum**
datif	**illi**	**illi**	**illi**	**illis**	**illis**	**illis**
ablatif	**illo**	**illa**	**illo**	**illis**	**illis**	**illis**

Index grammatical

Les numéros indiqués renvoient aux pages du manuel.

Lexique

Les numéros indiqués renvoient aux pages du manuel.

A

ac/atque : et
ad + accusatif : vers, à
addo, is, ere, didi, ditum : ajouter
adsum, ades, adesse, adfui : être présent
adversus + accusatif : contre, en face de
aeger, gra, grum : malade
aetas, atis, f : âge, temps, époque
ager, agri, m : champ
agnus, i, m : agneau
ago, is, ere, egi, actum : agir, faire
agricola, ae, m : paysan
alius, alia, aliud : autre
altus, a, um : haut, profond
ambulo, as, are, avi, atum : se promener
amicitia, ae, f : amitié
amicus, i, m : ami
amo, as, are, avi, atum : aimer
amor, oris, m : amour
angustus, a, um : étroit
animus, i, m : esprit, courage
annus, i, m : année
ante : avant, devant
appello, as, are, avi, atum : appeler
apud + accusatif : auprès, chez
aqua, ae, f : eau
aquila, ae, f : aigle
arbor, oris, f : arbre
arma, orum, n plur : armes
ars, artis, f : talent, habileté
auctor, oris, m : auteur
audio, is, ire, ivi, itum : écouter, entendre
augeo, es, ere, auxi, auctum : accroître, augmenter
aut : ou
autem : or
ave : bonjour
avis, is, f : oiseau
avus, i, m : aïeul, grand-père

B

bellum, i, n : guerre
bellum gero, is, ere, gessi, gestum : faire la guerre
bonus, a, um : bon, gentil
bracchium, ii, n : bras

C

caelum, i, n : ciel
campus, i, m : plaine
capio, is, ere, cepi, captum : prendre
caput, itis, n : tête
castra, orum, n plur : camp
causa, ae, f : cause
cera, ae, f : cire, tablette
ceteri, ae, a : les autres, tous les autres
clamo, as, are, avi, atum : crier
clamor, oris, m : cri
clarus, a, um : célèbre, clair
color, oris, m : couleur
condo, is, ere, didi, ditum : fonder
confluo, is, ere, fluxi, fluctum : affluer, venir en masse
conjux, ugis, f : épouse
conspicio, is, ere, spexi, spectum : apercevoir
consul, ulis, m : consul
conviva, ae, m : invité
corpus, oris, n : corps
cras : demain
credo, is, ere, didi, ditum : croire, faire confiance à (+ datif)
cresco, is, ere, crevi, cretum : grandir, croître

crinis, is, m : cheveu
cum : quand
cum + ablatif : avec
cur ? : pourquoi ?
curro, is, ere, cucurri, cursum : courir

D

dea, ae, f : déesse
debeo, es, ere, bui, bitum : devoir
defendo, is, ere, fendi, fensum : défendre
deinde : ensuite
deleo, es, ere, evi, etum : détruire
delphinus, i, m : dauphin
deus, i, m : dieu
dexter, dextra, dextrum (ou dextera, erum) : droit, à droite
dico, is, ere, dixi, dictum : je dis
dies, ei, m : jour
diu : longtemps
do, as, are, dedi, datum : donner
doctus, a, um : savant
domina, ae, f : maîtresse (de maison)
dominus, i, m : maître (de maison)
duco, is, ere, duxi, ductum : conduire, mener
dum : pendant que
duo, ae, o : deux
duodecim : douze
dux, ducis, m : chef

E

enim : en effet
epistula, ae, f : lettre
equus, i, m : cheval
et : et
existimo, as, are, avi, atum : penser, estimer

F

fabula, ae, f : fable, légende, pièce de théâtre
facio, is, ere, feci, factum : faire
falsus, a, um : faux
fama, ae, f : rumeur, réputation
fera, ae, f : bête sauvage
fero, fers, ferre, tuli, latum : porter
figura, ae, f : figure, forme
filia, ae, f : fille
filius, ii, m : fils
forma, ae, f : beauté
forte : par hasard
fortuna, ae, f : destin, sort
forum, i, n : place publique, forum
frater, tris, m : frère
fugio, is, ere, fugi : fuir
fundo, is, ere, fudi, fusum : verser, répandre

G

gaudium, ii, n : joie
genus, eris, n : race, espèce
gero, is, ere, gessi, gestum : faire, porter
gladius, ii, m : épée
gratia, ae, f : grâce, remerciement
gratias ago, is, ere, egi, actum : remercier

H

habeo, es, ere, ui, itum : avoir, posséder
habito, as, are, avi, atum : habiter
heri : hier
hic, haec, hoc : ce, celui-ci
hodie : aujourd'hui
homo, inis, m : homme (être humain)
hora, ae, f : heure
hortus, i, m : jardin
hostis, is, m : ennemi

I

idem, eadem, idem : le même, la même
igitur : donc
ignis, is, m : feu
ille, illa, illud : ce, celui-là
imperium, ii, n : commandement
in + ablatif : à, dans, en, sur (lieu où l'on est)
in + accusatif : à, dans, en, sur, vers (lieu où l'on va)

incendium, ii, n : incendie
indico, as, are, avi, atum : indiquer
infans, antis : jeune enfant
infra + accusatif : en dessous de
inquit : dit-il
inter + accusatif : entre, parmi
interficio, is, ere, feci, fectum : tuer
interim : pendant ce temps
invenio, is, ire, veni, ventum : trouver, inventer
ipse, ipsa, ipsum : en personne, même
ita : ainsi, de la sorte
itaque : c'est pourquoi
iter, itineris, n : chemin, route, voyage

J

jaceo, es, ere, jacui : être étendu
jubeo, es, ere, jussi, jussum : ordonner
jucundus, a, um : agréable
juvenis, is, m : jeune homme

L

labor, oris, m : peine, fatigue, travail
laboro, as, are, avi, atum : travailler
laetus, a, um : joyeux, content
laevus, a, um : gauche
latro, onis, m : brigand, voleur
latus, a, um : large
laus, laudis, f : louange, éloge
legatus, i, m : légat, lieutenant
lego, is, ere, legi, lectum : lire
liber, libri, m : livre
libero, as, are, avi, atum : libérer
lignum, i, n : bois
lingua, ae, f : langue
litus, oris, n : rivage, côte
locus, i, m : lieu
longus, a, um : long
ludus, i, m : jeu, école
lupa, ae, f : louve
lupus, i, m : loup

M

maestus, a, um : triste
magister, tri, m : maître d'école
magnitudo, inis, f : grandeur
magnus, a, um : grand
malus, a, um : mauvais
mansuetudo, inis, f : douceur, bonté
mare, ris, n : mer
mater, tris, f : mère
meus, a, um : mon, ma
miles, itis, m : soldat
miser, era, erum : malheureux
mitto, is, ere, misi, missum : envoyer
moenia, um, n plur : remparts
mortuus, a, um : mort
moveo, es, ere, movi, motum : toucher, émouvoir
mox : bientôt
mulier, eris, f : femme
multi, ae, a : nombreux, beaucoup de

N

nam : car, en effet
narro, as, are, avi, atum : raconter
nato, as, are, avi, atum : nager
nauta, ae, m : marin
navigo, as, are, avi, atum : naviguer
nec/neque : et... ne pas
nec/neque... nec/neque : ni... ni
nomen, inis, n : nom
non : ne... pas
noster, tra, trum : notre
novus, a, um : nouveau
nunc : maintenant
nunc... nunc : tantôt... tantôt
nuntio, as, are, avi, atum : annoncer

O

occido, is, ere, cidi, cisum : tuer
occulte : en cachette, en secret
oculus, i, m : œil
olim : autrefois, jadis
omnis, e : tout

oppidum, i, n : place forte
os, oris, n : bouche, visage

P

parco, is, ere, peperci, parsum + datif : épargner
paro, as, are, avi, atum : préparer
parvus, a, um : petit
pater, tris, m : père
patria, ae, f : patrie
pauci, ae, a : peu, peu nombreux
pecunia, ae, f : argent
penna, ae, f : plume
per + accusatif : à travers
perdo, is, ere, didi, ditum : perdre, ruiner, détruire
periculum, i, n : danger
peto, is, ere, i(v)i, itum : demander
pius, a, um : pieux
placeo, es, ere, ui, itum + datif : plaire
poeta, ae, m : poète
possum, potes, posse, potui : je peux
post : après, derrière
postea : ensuite
postremo : finalement
pratum, i, n : pré, prairie
primus, a, um : premier
propero, as, are, avi, atum : se hâter
prospecto, as, are, avi, atum : regarder devant soi
puella, ae, f : jeune fille
puer, eri, m : enfant
pugno, as, are, avi, atum : combattre
puto, as, are, avi, atum : penser

Q

quamdiu ? : combien de temps ?
quando ? : quand ?
-que : et
qui, quae, quod : qui, laquelle, lequel
quies, quietis, f : repos
quietus, a, um : tranquille
quis, quid ? : qui ? que ? quoi ?
quomodo ? : comment ?
quoque : aussi

R

rana, ae, f : grenouille
rapio, is, ere, rapui, raptum : enlever
regno, as, are, avi, atum : régner
regnum, i, n : règne
relinquo, is, ere, liqui, lictum : laisser, abandonner
repente : soudain
res, ei, f : chose, affaire, fait
respondeo, es, ere, di, sum : répondre
rex, regis, m : roi
rideo, es, ere, risi, risum : rire
ripa, ae, f : rive
rogo, as, are, avi, atum : demander
rursus : de nouveau
rusticus, a, um : de la campagne

S

saepe : souvent
scio, is, ire, i(v)i, itum : savoir
scribo, is, ere, scripsi, scriptum : écrire
secundus, a, um : second
sed : mais
sedeo, es, ere, sedi, sessum : être assis
semper : toujours
sentio, is, ire, sensi, sensum : sentir
serpo, is, ere, serpsi : ramper, avancer
servus, i, m : esclave
sex : six
sic : ainsi, de la sorte
signum, i, n : signal
silva, ae, f : forêt
simul : en même temps
singuli, ae, a : un par un
solus, a, um : seul
soror, oris, f : sœur
species, ei, f : aspect, apparence
spectaculum, i, n : spectacle
specto, as, are, avi, atum : regarder
stagnum, i, n : étang

statim : aussitôt
statua, ae, f : statue
sto, as, are, steti, statum : se tenir debout
studium, ii, n : zèle, ardeur
subito : soudain
sum, es, esse, fui : être
superbus, a, um : orgueilleux
supervenio, is, ire, veni, ventum : survenir
suus, a, um : son, sa

T

tamen : cependant
taurus, i, m : taureau
templum, i, n : temple
tempus, oris, n : temps, moment
teneo, es, ere, tenui, tentum : tenir
terra, ae, f : terre
terreo, es, ere, ui, itum : terrifier
tertius, a, um : troisième
timeo, es, ere, ui : craindre
trado, is, ere, didi, ditum : rapporter, transmettre, livrer
trano, as, are, avi, atum : traverser à la nage
trepido, as, are, avi, atum : s'agiter, trembler
tum : alors
tunc : alors
turba, ae, f : foule
tuus, a, um : ton, ta

U

ubi ? : où ? (lieu où l'on est)
ubi + indicatif : quand, lorsque
unda, ae, f : onde, eau
urbs, urbis, f : ville
uxor, oris, f : épouse

V

valeo, es, ere, ui, itum : être bien portant
vallum, i, n : fossé, palissade
velocitas, atis, f : rapidité
venatio, onis, f : chasse
venio, is, ire, veni, ventum : venir
verbum, i, n : verbe, parole, mot
vester, tra, trum : votre
vestis, is, f : vêtement
via, ae, f : voie, chemin, rue
victor, oris, m : vainqueur
victoria, ae, f : victoire
video, es, ere, vidi, visum : voir
villa, ae, f : ferme, villa
vinco, is, ere, vici, victum : vaincre
vir, viri, m : homme
virgo, inis, f : jeune fille
virtus, utis, f : courage, vertu
vita, ae, f : vie
vivo, is, ere, vixi, victum : vivre
voco, as, are, avi, atum : appeler
vox, vocis, f : voix
vultur, uris, m : vautour

TABLE DES ILLUSTRATIONS

10 g, m	ph ©	H. Lewandowski/RMN
10 dh	ph ©	1990, Photo Scala, Florence – courtesy of the Ministero Beni e Att. Culturali
10 db	ph ©	G. Dagli Orti
11	ph ©	Akg-images
16	ph ©	The Stapleton Collection/Bridgeman-Giraudon
17 h	ph ©	Alinari/Bridgeman-Giraudon
17 b	ph ©	Bridgeman-Giraudon
18 g	ph ©	G. Dagli Orti
18 dh	ph ©	Archives Charmet/Bridgeman-Giraudon
18 db	ph ©	Warner Bros/DC Comics/The Kobal Collection
19	©	Disney, par autorisation spéciale de TWDCF
24 h	ph ©	Antonio IDINI/Archivio Fotografico dei Musei Capitolini
24 b	ph ©	Akg-images
25 g	ph ©	H. Lewandowski/RMN
25 d	ph ©	G. Dagli Orti
26 g	ph ©	Werner Forman/Akg-images
26 m, d	ph ©	G. Dagli Orti
27	ph ©	Patrick de Wilde/Hoa-Qui
32 h	©	Adagp, Paris 2005
32 b	ph ©	G. Dagli Orti
33	ph ©	Bridgeman-Giraudon
34	ph ©	Bridgeman-Giraudon © Adagp, Paris 2005
35	ph ©	1990, Photo Scala, Florence
40	ph ©	Louis K. Meisel Gallery, Inc./Corbis
41	ph ©	Arnaudet/RMN © Adagp, Paris 2005
42	ph ©	Bridgeman-Giraudon
43	ph ©	RMN © Succession Picasso 2005
48	ph ©	E. Lessing/Akg-images
49 g, dh	ph ©	G. Dagli Orti
49 db	ph ©	J. Hyde/RMN © Adagp, Paris 2005
52	ph ©	Pirozzi/Akg-images
53	ph ©	Leeds Museums and Galleries-City Museum
58	ph ©	Archives Charmet/Bridgeman-Giraudon
59-60	ph ©	Akg-images
61	ph ©	Archives Charmet/Bridgeman-Giraudon
66 h	ph ©	E. Lessing/Akg-images
66 b	©	Philippe Corentin
67	ph ©	Gilles Mermet/Akg-images
68	ph ©	Simeone/Photononstop
69	ph ©	Bridgeman-Giraudon
74	ph ©	Chuzeville/RMN
75	ph ©	Bridgeman-Giraudon
76 h	ph ©	G. Dagli Orti
76 b	©	1994, ATHENA Éditions – 10, rue du Berry – 31 130 Balma. 3e édition décembre 2003. ISBN 2-9501341-6-5. *Extrait réduit à 70% du format original de l'ouvrage.*
82	ph ©	G. Dagli Orti
83 hg	ph ©	Gilles Mermet/Akg-images
83 hd	ph ©	G. Dagli Orti
83 m	ph ©	Bridgeman-Giraudon
83 b	ph ©	Akg-images
84	ph ©	G. Dagli Orti
85	ph ©	1990, Photo Scala, Florence – courtesy of the Ministero Beni e Att. Culturali
90	ph ©	David Lees
91 h, b	ph ©	Bridgeman-Giraudon
94 g	ph ©	E. Lessing/Magnum
94 d	ph ©	Martine Franck/Magnum
95		Collection Kharbine-Tapabor © DR
100 h, b	ph ©	Akg-images
101, 102 g	ph ©	G. Dagli Orti
102 d	©	Éditions Gallimard Jeunesse, 1999
103	ph ©	Pierrain/Photothèque des musées de la Ville de Paris
108 h	ph ©	1999, Photo musée Jacquemart-André/Inst. de France/Scala, Florence
108 b		Collection Kharbine-Tapabor
109	ph ©	Archives Charmet/Bridgeman-Giraudon
110 g	ph ©	Akg-images
110 dh		Collection Christophel
110 db	ph ©	Studio Guy Renaux/Musées de Vienne
111, 116	ph ©	Akg-images
117	ph ©	Archives Charmet/Bridgeman-Giraudon
118	ph ©	G. Dagli Orti
119		Collection Christophel
124 h	ph ©	Akg-images
124 b		Collection Kharbine-Tapabor © DR
125	ph ©	Akg-images
126 g	ph ©	E. Lessing/Magnum
126 dh, db	ph ©	G. Dagli Orti
127	ph ©	G. Blot/RMN
132	ph ©	E. Lessing/Akg-images
133 h	ph ©	Akg-images
133 b	ph ©	G. Dagli Orti

Coordination éditoriale : Claire Dupuis
Iconographie : Brigitte Célérier, assistée de Christine Charier/Hatier Illustration
Dessins : Axel Renaux
Conception graphique : Alain Cianci, www.machinette.com
Réalisation : Michel Ganne

Achevé d'imprimer en France par Clerc s.a.s. - 18200 Saint-Amand-Montrond - France
Dépôt légal n° 59044 - Juillet 2006

L'Italie antique

XIe siècle Les Étrusques en Italie

- 753 Fondation légendaire de Rome

- 715 Trois rois sabins

700

- 753 ROMULUS

- 715 NUMA POMPILIUS

- 672 TULLUS HOSTILIUS

- 640 ANCU